安徽省"非遗进校园"系列丛书

品读非遗

主　编 ◎ 方润生
副主编 ◎ 于日锦　于洪波　王学宏
　　　　李　刚　陈元高　宋　军
　　　　郑红伟　袁忠海　裴　罕

北京理工大学出版社
BEIJING INSTITUTE OF TECHNOLOGY PRESS

版权专有　侵权必究

图书在版编目（CIP）数据

品读非遗 / 方润生主编. —北京：北京理工大学出版社，2019.9（2022.8重印）
ISBN 978-7-5682-7162-2

Ⅰ.①品… Ⅱ.①方… Ⅲ.①非物质文化遗产–研究–中国 Ⅳ.①G122

中国版本图书馆CIP数据核字（2019）第131247号

出版发行 / 北京理工大学出版社有限责任公司	
社　　址 / 北京市海淀区中关村南大街5号	
邮　　编 / 100081	
电　　话 /（010）68914775（总编室）	
（010）82562903（教材售后服务热线）	
（010）68944723（其他图书服务热线）	
网　　址 / http://www.bitpress.com.cn	
经　　销 / 全国各地新华书店	
印　　刷 / 河北佳创奇点彩色印刷有限公司	
开　　本 / 787毫米 × 1092毫米　1/16	
印　　张 / 9.75	责任编辑 / 张荣君
字　　数 / 220千字	文案编辑 / 代义国
版　　次 / 2019年9月第1版　2022年8月第7次印刷	责任校对 / 周瑞红
定　　价 / 39.80元	责任印制 / 边心超

图书出现印装质量问题，请拨打售后服务热线，本社负责调换

安徽省"非遗进校园"系列丛书编审委员会

顾　问： 樊嘉禄

主　任： 方润生

副主任：（按姓氏笔划排序）

于日锦　于洪波　王学宏　李　刚　陈元高　宋　军
郑红伟　袁忠海　裴　罕

编委成员：（按姓氏笔划排序）

于日锦	安徽省行知学校
于洪波	阜阳科技工程学校
王　勇	皖北电子信息工程学校
王　琨	合肥铁路工程学校
王成中	皖江职业教育中心学校
王先根	安徽金寨职业学校
王秀江	皖西经济技术学校
王学宏	霍邱工业学校
王荣飞	霍山职业学校
王晓飞	皖北电子信息工程学校
王淑娟	合肥理工学校
仇玉萍	安徽新华学校
叶昌芹	马鞍山工业学校
朱贤忠	芜湖高级职业技术学校
刘良政	安徽体育运动职业技术学院
刘忠友	凤阳科技学校
刘复之	池州市旅游学校（青阳县职教中心）
许宏斌	淮南市潘集工程技术学校
孙　娟	淮南市职业教育中心（淮南工业学校）
杜克保	滁州机械工业学校（明光职高）
杜　牡	安徽亳州新能源学校
李　卉	安徽科技贸易学校（安徽粮食经济技师学院）
李　刚	亳州中药科技学校
李　刚	颍上科技学校
李　伟	阜阳职业技术学校
李　军	淮北工业学校
李良剑	宿州环保工程学校（泗县职教中心）
杨益民	铜陵技师学院（铜陵理工学校）
杨景泰	亳州汽车工业学校

吴　灿	安庆皖江中等专业学校
吴　杰	定远化工学校
吴礼奇	池州交通技术学校
吴邦成	安徽科技贸易学校（安徽粮食经济技师学院）
吴雪恩	安庆建筑工程学校（安庆市广播电视大学）
余克尚	江淮工业学校
汪　上	安徽滁州技师学院（滁州市机电工程学校）
汪　柏	宣城生物工程学校
汪兴国	阜阳理工学校（阜南一职高）
汪海海	宣城工业学校
汪雅萍	安徽省职业与成人教育学会国际教育交流与合作委员会
宋　军	宣城工业学校
张　晋	阜阳科技工程学校
张　璇	太湖职业技术学校
张学平	芜湖师范学校
张奎建	萧县职教中心（萧县师范学校）
张海燕	池州市旅游学校（池州职教中心）
陈元高	蚌埠科技工程学校（安徽蚌埠技师学院）
陈玉明	贵池区职业学校
陈海珍	安徽滁州技师学院
陈绪初	霍山职业学校
周　波	阜阳工业经济学校
周建平	安徽材料工程学校
郑红伟	淮南市职业教育中心（淮南工业学校）
赵良生	安徽省肥西师范学校
赵鸿冰	寿县融媒体中心（寿县信息中心）
袁忠海	淮南市寿县科技学校（寿县职业教育中心）
徐　平	安徽省肥西师范学校
徐晓玲	皖北电子信息工程学校
徐新华	芜湖职业技术学院附属中等职业学校
高思强	亳州幼儿师范学校
郭世杰	安徽化工学校
郭宏伟	皖北电子信息工程学校
黄　文	安徽蚌埠机电技师学院（安徽电子工程学校）
曹福泉	天长市工业学校
符国武	皖北经济技术学校
葛子平	和县幼儿师范学校
韩　光	阜阳市医药科技工程学校
蒲卫东	安徽怀远师范学校
鲍永清	安徽省特殊教育中专学校
詹立正	凤台职业教育中心
窦祥国	安徽科技贸易学校（安徽粮食经济技师学院）
裴　罕	合肥市经贸旅游学校
潘光照	江淮工业学校
戴龙臣	宿州应用技术学校

序

　　文化是一个民族、一个国家的灵魂，也是一个企业、一个城市的灵魂。没有充足的文化滋养，人的灵魂必然是空虚的。

　　文化遗产是历史上一代又一代人聪明才智和辛勤劳动的结晶，是祖先留给当代人的巨大财富。

　　文化遗产分为物质文化遗产和非物质文化遗产，而且所有的物质文化遗产都是非物质文化遗产的作品。

　　非物质文化遗产简单地说，就是以人为载体的文化遗产，因而是活态的文化遗产，包括民间文学、传统音乐、传统舞蹈、传统戏剧、传统美术、传统技艺、民俗和曲艺等形式。

　　非物质文化遗产是人类社会进步发展不可或缺的资源，具有丰富的历史、文化、文学、艺术、技术、工艺、科学、教育、经济等等方面的价值。所有这些价值实现的前提条件是传承，没有传承，一切都无从谈起。

　　传承的基础是了解，因了解而知晓，因知晓而有兴趣，因有兴趣而参与和从事，进而成长为各个层次的传承人。对于更多人而言，因知晓而有自觉，成为有文化修养的人。

　　因此，让更多的人，尤其是青少年了解自己的非物质文化遗产是一项重要的文化普及工程。学校是开展这项工作最重要的阵地，从小学、中学到大学都应当做这方面的工作。

　　很高兴看到，安徽全省三百多所中职、七十多所高职院校正在积极地为此而努力。方润生先生主编的《品读非遗》是为开设此课程而编写的一部配套教材，不日即将面世，今年下半年起开始使用。

认真地翻阅样书，发现这本教材与其它非物质文化遗产教材相比有显著的特点。首先，书稿是从这些学校遴选的教师组成的班子撰写的，完成此项工作对于作者而言本身就是一次训练和提高；其二，教材选择了省级以上非遗代表作项目，遍布全省各地，覆盖面较广；其三，对每个项目从历史发展、项目的内容和传承发展现状等方面作简要介绍，通俗易懂，图文并茂，可读性强，读者完全可以通过自己阅读就基本完成教学目标。

与其他学校的学生相比，在中高职学生中开展非遗普及工作具有更大的优势。这些学生已经具备了较强的学习能力和动手能力，可以比较透彻地理解这些非物质文化遗产，因而可以保证普及教育取得良好的效果；高中职学生正处在接受专业教育的阶段，可以从中发现与自己专业相关的知识、技能，从而可以借鉴和从中得到启示；这个年龄段恰好是作为非物质文化遗产传承人培养的最佳时期，一些有志于从事某种非物质文化遗产项目工作的同学可能因此课程而确定一生的职业方向。

总之，《品读非遗》一书无论是作为非物质文化遗产普及读物，还是以此为教材在中高职学生中开设课程，开展普及教育，都是值得充分肯定的。教材在使用过程中肯定会不断地充实、调整、完善，整个课程体系也会通过不断探索更加科学完整。希望通过一段时间努力，打造成为一门广受欢迎的精品课程，同时为全省乃至全国的非物质文化遗产普及教育工作做出一个成功的示范。

樊嘉禄

2019 年 6 月

前言

《品读非遗》，是一本阐述和讲解非物质文化遗产的书。目的是为了拉进人们与非物质文化遗产的距离，了解传承、保护非物质文化遗产的重要性，希望能共同守候我们珍贵的非物质文化遗产。

非物质文化遗产是人类的生命记忆，是人类创造力的精神源泉。它同样是广大人民在生活劳动中日积月累、心口相传的生命记忆以及活态的文化基因。它扎根于民间，蕴藏在人们的衣食住行当中，影响一代又一代的人们回味历史，品味历史，在时间洪流中找到专属于自己的民族记忆与地方记忆。

编者从民间文学、传统音乐、传统舞蹈、传统戏剧等八个方面系统地讲解非物质文化遗产，让学生明白非物质文化遗产是中华民族智慧与文明的结晶，是连结民族之间情感的纽带和维系国家统一的基础。

人事有代谢，往来成古今。文化遗产是历史的积淀，是民族的骨髓，更是我们后人奋力前行的动力。我们对先人创造的文化遗产充满感激，因为那是祖辈珍存的财富，我们有义务、有决心让非物质文化遗产薪火相传，世代传承。

品读非遗，品读的是历史，是文化，也是传承。编者希望这本书能让学生有一种美的享受，感觉到我们安徽长期以来创造和积累的文化财富，能让学生感觉到我们中华民族、泱泱大国所特有的精神价值，也能明白非物质文化遗产是全人类文明的瑰宝。

编　者

目录 CONTENTS

第一章 民间文学 ... 1
孔雀东南飞传说 ... 1
老子传说 ... 4
徽州民谣 ... 7
六尺巷传说 ... 11
庄子的传说 ... 16

第二章 传统音乐 ... 19
和县民歌 ... 19
大别山民歌 ... 21
五河民歌 ... 24
宿松民歌 ... 27
灵璧唢呐 ... 29
凤阳民歌 ... 32

第三章 传统舞蹈 ... 35
凤阳花鼓 ... 35
火老虎 ... 38
十兽灯 ... 40
花鼓灯 ... 43
傩舞 ... 47

第四章 传统戏剧 ... 50
黄梅戏 ... 50
二夹弦 ... 53
青阳腔 ... 56

徽剧 …………………………………………… 63
庐剧 …………………………………………… 65
傩戏 …………………………………………… 69

第五章 传统美术 · 72 ·

徽州三雕 ……………………………………… 72
剪纸 …………………………………………… 75
挑花 …………………………………………… 78
烙画 …………………………………………… 81
凤画 …………………………………………… 84

第六章 传统技艺 · 88 ·

毛笔制作技艺 ………………………………… 88
宣纸制作技艺 ………………………………… 90
徽墨制作技艺 ………………………………… 93
歙砚制作技艺 ………………………………… 95
界首彩陶烧制技艺 …………………………… 99
大救驾制作工艺 ……………………………… 101
绿茶制作技艺 ………………………………… 103
豆腐传统制作技艺 …………………………… 107

第七章 民俗 · 111 ·

肘阁抬阁 ……………………………………… 111
界首书会 ……………………………………… 114
灯会 …………………………………………… 117
九华山庙会 …………………………………… 120
徽菜 …………………………………………… 124
轩辕车会 ……………………………………… 127

第八章 曲艺 · 131 ·

渔鼓道情 ……………………………………… 131
淮北大鼓 ……………………………………… 134
门歌 …………………………………………… 136
清音 …………………………………………… 139
扁担戏 ………………………………………… 142

第一章 民间文学

孔雀东南飞传说

《孔雀东南飞》是中国古代最优秀的民间叙事诗,初记载于《玉台新咏》,后来经过改编和整理,被广为流传下来。其中《孔雀东南飞》的乐府诗词,成为脍炙人口的南北朝代表著作。

一、孔雀东南飞故事详解

"孔雀东南飞,五里一徘徊。"想必每个人都听过这句乐府诗,但未必每个人都知道其中的故事。

少女刘兰芝自幼便习女红,善弹琴,能诵诗书。十七岁嫁给焦仲卿为妻,日夜辛劳,勤于家务,却不为婆婆所容,于是就去信给正在庐江郡府做小吏的丈夫,诉说不堪忍受之苦。仲卿回来为妻求情,却遭母亲斥责,并令其休妻另娶。仲卿长跪,言"今若遣此妇,终老不复娶"。因仍要赶回郡府任上,仲卿只得先请妻子回娘家,暂避一时。兰芝自然明白,如此一别,关乎休戚,今后恐难再见,便将自己常用的香囊、妆奁等物留给仲卿以作纪念。

鸡鸣天亮,兰芝精心梳妆之后,上堂别过婆婆和小姑,流泪登车而去。此时仲卿已等候在大道旁,夫妻相见,两情依依,低头耳语道:"誓天不相负。"

刘兰芝被遣回家十余日,县令即派媒人来为其子求婚,被兰芝婉言回绝;又数日,太守也托郡丞登门提亲,明言太守的五公子尚未婚配,愿与刘家结为百年之好,又被谢绝。这下惹恼了兰芝那位性情暴躁的大哥。兄命难违,兰芝被逼不得已,只得一切任人安排。那边媒人回报,说刘家已允婚事。恰好三天过后便是良辰吉日,太守马上四处派人备下金帛彩礼,人马舟车,以便早日完婚。仲卿在任上闻知此变,急忙乞假告归。

第二天，兰芝整日默默无语，只是和泪裁衣。忽听得一阵熟悉的马嘶声，出门遥相望，知是故人来。兰芝手抚马鞍，一一诉说原委。仲卿提及当日誓言，二人只好相约"黄泉下相见"，便各自回家了。仲卿回家后对母亲说道："今天大风吹折了树木，院子里的兰花上结满了严霜；孩儿的性命犹如西山的落日，母亲今后一人，要多多保重。"遂再拜长叹而去。

这一天，迎亲的车马格外热闹，新妇已进门。黄昏后人群渐渐散去，夜深沉，万籁无声，兰芝揽裙投水自尽。仲卿得知，徘徊树下，亦自缢殉情，后两人合葬于华山旁。

二、孔雀东南飞故事赏析

诗歌一开篇就运用比兴手法，用孔雀的徘徊来比喻刘兰芝和焦仲卿的彼此眷恋之情，使整首诗都弥漫了浪漫主义的色彩。在诗歌的结尾，也对开篇的起兴做了呼应，描写了两人合葬的墓地，象征着长久的松柏和梧桐枝叶覆盖相交，更有似是两人化成的鸳鸯和鸣。不仅象征了两人的爱情终得以永恒，也表达了人民群众对幸福、对美好生活的向往与憧憬，寄托了人们对恋爱自由的追求。

《孔雀东南飞》通过刘兰芝与焦仲卿这对恩爱夫妇的爱情悲剧，控诉了封建礼教、家长统治和门阀观念的罪恶，表达了青年男女要求婚姻、爱情自主的合理愿望。女主人公刘兰芝对爱情忠贞不二，她对封建势力和封建礼教所做的不妥协的斗争，使她成为文学史上富有叛逆色彩的妇女形象，为后来的青年男女所传颂。

这首叙事诗共350多句，1 700多字，故事完整，语言朴素，人物性格鲜明突出，结构紧凑完整，结尾运用了浪漫主义手法，是汉乐府民歌的杰作。

诗中对详写部分的处理是极为出色的。仲卿求母失败，刘焦之间话别，兰芝辞婆和太守迎亲等，都是浓笔重彩的段落。这些段落在整个长诗中都是直接关系到焦刘爱情悲剧的关键内容，对人物形象的塑造、人物感情的宣泄都起着极为重要的作用。更妙的是，这样的浓笔重彩，在全诗自然、朴实、流畅的风格中，起到了丰富色彩的作用，使整个描述的节奏疏密有致，快慢有度。

此诗控诉了封建礼教的残酷无情，歌颂了焦刘夫妇的真挚感情和反抗精神。

三、孔雀东南飞的时代背景

故事发生在汉末建安中。当时的背景是：汉武帝时，"罢黜百家，独尊儒术"，儒家的那套伦理纲常，逐渐占据了统治地位，并发展到了相当完备严密的程度。在婚姻制度方面，规定有"七出""天下无不是之父母"等清规戒律。"天下无不是之父母"，这正是焦刘悲剧的主要原因。在这一时代氛围里，在焦母的淫威下，焦仲卿敢于站在刘兰芝一边，表现出与兰芝"结发同枕席，黄泉共为友"的坚决态度，这是难能可贵的。

秦汉时期的诗赋，没有后来时代的雕饰，纯朴且彰显真性情。千古爱情绝唱《孔雀东南飞》，属于乐府歌辞。所谓乐府，原是汉代封建王朝建立的管理音乐的一个机关的名称，它最初始于秦代。汉初惠帝时，就设有"乐府令"的官名，汉武帝时期大规模扩建，更正式地设置了"乐府"官署。"乐府"主要掌管音乐，并监管搜集各地的民歌，配上音乐，便于在朝廷宴饮或祭祀时演唱。后来，人们就把这一机构收集并制谱的诗歌，称为乐府诗，或者简称乐府，这也成了一种新的诗歌体裁。

诗词画意 《孔雀南飞》之三

《孔雀东南飞》是我国文学史上第一部长篇叙事诗，是我国古代民间文学中的光辉诗篇之一，与《木兰辞》并称为"乐府双璧"，具有较高的文学价值、风俗价值和史料价值。

老子传说

老子传说是在涡阳民间一直流传至今的美丽传说故事。由于老子传说极富地方特色，语言独特，耳熟能详，至今已流传千百余年。老子即老君的化身，是道家学派创始人。每年农历二月十五，为道教重大节日，乃道祖太上老君"圣诞"。老子，字伯阳，谥曰聃，一字伯阳，或曰谥伯阳。春秋时楚国人，曾任周朝守藏室之史，主无为之说。

一、老子的生平

相传春秋末年，老子骑一青牛，从洛阳向函谷关而来。函谷关守吏尹喜平日里喜好道学，颇有些道根。老子来之前，尹喜观星象、"望气"，就看见一股紫气从东方冉冉而来，于是推算出必有真人要来。当老子骑牛过关时，尹喜认定老子就是那位真人。这就是紫气东来故事的由来。

老子看周王朝越来越衰败，就离开故土，准备出函谷关去四处云游。把守函谷关的长官尹喜很敬佩老子，听说他来到函谷关，非常高兴。可是当他知道老子要出关去云游，又觉得很可惜，就想方设法留住老子。于是，尹喜就对老子说："先生想出关也可以，但是得留下一部著作。"老子听后，就在函谷关住了几天。几天后，他交给尹喜一篇五千字左右的著作，然后就骑着大青牛走了。据说，这篇著作就是后来传世的《道德经》，后又名《老子》。

老子思想的精华是朴素辩证法。例如，"祸兮，福之所倚；福兮，祸之所伏。"在修身方面，讲究性命双修、虚心实腹、不与人争。在政治上，主张无为而治、不言之教。其思想对后代影响深远。例如，汉初的统治者一度把老子的无为思想作为信条，采取与民生息的政策。老子的思想与儒家、佛家思想一起构成了中国传统思想文化的核心。

二、老子的成就

老子的成就主要体现在《道德经》一书。《道德经》和《易经》《论语》被认为是对中国人影响最深远的三部思想巨著。此书分为上下两册，共81章，前37章为上篇道经，第38章以下属下篇德经，文本以哲学意义之道德为纲宗，论述修身、治国、用兵、养生之道，而多以政治为旨归，乃所谓内圣外王之学，文意深奥，包涵广博，被誉为万经之王。

《道德经》一书是一个唯物主义体系，并具有朴素辩证的思想，它宣扬自然无为的天道观和无神论。其唯物主义体系的核心是道，老子反对天道有知，提出了天道无为的思想以及"道常无为，而无不为"的思想，即道是构成万物的基础，道是世界万物自身的规律。

《道德经》成书年代过去多有争论，至今仍无法确定。根据1993年出土的郭店楚简"老子"年代推算，成书年代至少在战国中前期。《老子》以道解释宇宙万物的演变，以为道生一，一生二，二生三，三生万物，道乃夫莫之命（命令）而常自然，因而人法地，地法天，天法道，道法自然。道为客观自然规律，同时又具有独立不改，周行而不殆的永恒意义。

三、老子传说及其影响

《老子传说》在涡阳代代相传，大多采用地方口语，语言通俗优美，有着较高的文学研究价值。收集、挖掘和保护这些民间故事，对于考证老子出生地，弘扬道家道教文化，传承老子思想有着非常重要的推动作用。

传说，老子生下来，就有白色的眉毛及胡子，所以后来被称为老子。老子是道家学派的始祖，他的学说后被庄周发展。道家后人将老子视为宗师，史载孔子曾学于老子。在道教中，老子是一个很主要的神仙，被称为太上老君，尊为道祖。从《列仙传》开始，把老子列为神仙，还说老子重视房中术。东汉时期，成都人王阜撰《老子圣母碑》，把老子和道合而为一，视老子为化生天地的神灵。这也成为道教创世说的雏形。而在汉桓帝时，汉桓帝更是亲自祭祀老子，把老子作为仙道之祖。

老子思想是中国古代思想的重要遗产，它在哲学、政治、人生诸方面对后世产生了深远的影响，除对道教思想影响重大外，对法家、儒家等也产生了一定的影响。老子被誉为

东方三大圣人之首,被美国《纽约时报》评为世界古今十大作家之首。自古有"老子天下第一"之称。

老子传说早已成为世界历史文化遗产的宝贵财富,其影响包括政治、文化、科学、宗教等方面。据元朝时的不完全统计,先秦以来,研老、注老著作已有3 000余种。

老子学说对中国哲学发展具有深刻影响,其内容主要见《老子》这本书。他的哲学思想和由他创立的道家学派,不但对我国古代思想文化的发展作出了重要贡献,而且对我国2 000多年来思想文化的发展产生了深远的影响。

据联合国教科文组织统计,在世界文化名著中,译成外国文字出版发行量最大的是《圣经》,其次就是《道德经》。2 500年以来,老子无为而治的思想,不仅对治国安邦产生了重大影响和积极作用,还作为一种先哲智慧和文化特质,极大地影响着一代又一代的中华儿女。

徽州民谣

徽州民谣起源于安徽省黄山市的屯溪、徽州、黄山三区和歙、黟、休宁、祁门四县,流传于古徽州范围内的绩溪、旌德、石台等县和邻省部分地区。其是古徽州地区人民创作、吟诵、口传心记的传统民间口头艺术,反映了古徽州人劳动、生活、习俗、时政和思想感情,是博大精深的徽州文化宝库中独具特色的珍宝。

一、徽州民谣的形成

徽州民谣也是在先民的劳动生产中形成的,最早出现的应为劳动号子。除此以外,徽州民谣还包括山歌、小调、歌舞及部分佛教、道教歌曲。

徽州民谣是徽州地区古老的声音艺术,它用声音记录了徽州人民的衣食住行,用情感表达了徽州人民的苦辣酸甜。在漫长的历史发展进程中,徽州民谣在劳动人民的生活中产生和传播,经受了时间和空间的考验。它的传承和发展,是对生活在这里的人们生生不息和顽强乐观的精神状态的最好证明。徽州民谣反映了人民生活中的方方面面,有情感表达,有景色描绘,有家常小事,有人生哲理,是用声音记录和表现的徽州人情。徽州民谣一般朴素典雅、细腻甜美,有着江南民谣的统一特征,也有着自身独特的鲜明烙印,曲调或悠扬婉转,或诙谐风趣,体现了劳动人民对美好生活的向往,也体现了对封建时代种种陋习的深重反思。

徽州民谣是徽州地区一种古老的传统民间艺术,内容丰富,体裁多样,既被广泛传唱,又十分朗朗上口。古时徽州的民谣不计其数，只可惜如今都面临着濒危的窘境。

二、徽州民谣的类型

20世纪70年代末80年代初，徽州音乐工作者曾深入挖掘徽州民谣，整理出了大批优秀曲目，如《猜谜对歌》《牧牛花鼓》《小石桥》等。20多年来，徽州民谣一批又一批展现在人们面前，受到普遍认可。徽州民谣中的劳动号子，当地人习惯称其为喊号子，如歙县民谣中的抬杠号子，整首只有"咿呀嗬咳"四个字，音乐个性粗犷豪迈、坚定有力，散发着浓郁的生活气息。

山歌的歌词常带有即兴创作成分，音乐节奏相对自由，音调悠长，多使用自由延长音。徽州民俗小调尤具特色，如《哭轿》《接房》《敬酒》《交杯》《撒帐》等歌曲与婚礼仪式密切配合，成套演唱，饶有兴味。作为徽州文化的产物，徽州民谣具有多方面的研究价值，可以为徽州社会历史、民俗及地域文化的发掘提供鲜活的例证。

徽州民谣因地域的不同，可分为歙县民谣、绩溪民谣、休宁民谣、黟县民谣和祁门民谣等；从内容上分，可分为徽商民谣、爱情民谣、劳动民谣、生活民谣、游戏民谣等，涉及劳动、节气、婚姻、建筑、风水、民俗等。徽州民谣具有鲜明的地域性，古朴、典雅、高亢、委婉兼具一波三折，具有鲜明的江南色彩与富有特色的古山越文化的气息。徽州民谣来源于生活，反映生活的本真，如婚嫁歌有《哭轿》《接房》《敬酒》《交杯》等；劳动号子有《锯板号子》《采茶号子》《采桑号子》等；山歌有《正月探妹》《送郎》等；儿歌有《推车谣》《月亮大大》《柏树枝》等；道士腔有《游四门》《十供》等，此外还有革命民谣。

徽州的民谣，传唱于民间，流行小巷院落，上可问天不公，下可借鸣不平，是一个窥测社会的万花筒。她让人们看到了一个文化复兴，经济繁荣背后的真实面孔。徽州民谣，是一个文化聚宝盘。她藏匿着许多鲜为人知的真情实爱，记录了许多活生生的过去。民谣，像一本发黄的旧书,像一个精彩的脚注,也像一张通俗的年画。她向人们袒露着心扉,她向人们展示了七情六欲,尘封了大量生活原态,截取了社会的形形色色。这是一个多么丰富而精彩的世界,又是一些多么沉重而又耐人寻味的社会话题。

三、徽州民谣赏析

前世不修,生在徽州;十三四岁,往外一丢。

前世不修今世修,苏杭不生生徽州。

十三四岁少年时,告别亲人跑码头。

徽州徽州梦徽州,多少牵挂在心头;徽州徽州梦徽州,举头望月数星斗,句句乡音阵阵愁。

前世不修来世修,转世还要生徽州。

十三四岁少年时,顺着前辈足迹走。

徽州徽州梦徽州,做个女人空房守;徽州徽州梦徽州;举头望月怜星斗,夜思夫君泪沾袖。

前世不修来世修,转世还要生徽州;多少辛酸多少泪,悲欢荣辱也轮流。

前世不修来世修,转世还要嫁徽州;书香门第也富贵,忠孝节义美名流。

徽州徽州梦徽州,书香门第也富贵;忠孝节义美名流。

这是当地最有名的一首民谣。单是这歌词便能够让人感受到那些稚嫩、无邪的童声集体咏诵时的袅袅余音,眼前随之就会出现连绵的群山、冷峭的石桥、曲流的溪水、庄严的牌坊、高阔的祠堂、精巧的民居等一些典型的徽州特征。

正如歌中所唱:"十三四岁年少时,告别亲人跑码头。"徽州地区多是山脉,耕田极少,过去的徽州人不得不翻山越岭出去贩卖盐和茶叶等维持生活。由于交通不便，路途遥远，经商的男人出门做生意很少带家眷，一般都是只身闯天下，常年甚至几年不回来，不少人甚至死在异地他乡。"徽州徽州梦徽州，多少牵挂在心头，举头望月数星斗，句句乡音阵阵愁。"徽商们在外赚了大量银子，衣锦还乡，请来极好的石匠和木匠，开始雕梁画栋，修屋建舍，不仅给家人留下了一处处华美的故园，也给徽州留下了典型的白墙黑瓦的建筑群，给世界文化留下了一份宝贵遗产。

徽州不仅拥有美丽神奇的黄山，更有着很多与之相辉映的徽州民谣。它联袂着徽商、徽学、徽画、徽医，组成了一个璀璨的星座，向世界闪烁着徽州山水的俊伟旖旎，向世界倾诉着徽州人丰富的内在情怀。随着岁月的积淀，这种情怀会愈发厚重，而她凝聚成的这笔丰厚的徽州民谣文化遗产，则将世代惠泽她的子孙，装扮着如诗如画的徽州大地。

古徽州人，在辛勤劳作之余，用他们的民谣装点生活，用他们的民谣弘扬徽骆驼的精神，用他们的民谣记录徽文化中最本质无染的一页。徽州的音乐工作者，深入各区县全面深入挖掘，整理徽州民谣。历经20多年，徽州民谣一批又一批地展现在人们面前，它们像一朵朵朴实无华的山花，像一滴滴透亮晶莹的泉水，人们为之惊讶，为之感叹。

六尺巷传说

一、学唱一首歌曲——赵薇《六尺巷》

"我家两堵墙，前后百米长，德义中间走，礼让站两旁……"

这是2016年中央电视台春节联欢晚会上，安徽籍著名歌手赵薇演唱的《六尺巷》中的几句歌词，简单的几句话就揭示了六尺巷的内涵在于"礼让"二字。下面，让我们来感受一下这首歌吧。

拿出手机，打开微信，可以扫描下方的二维码聆听赵薇春晚现场版音频。

六尺巷歌词

（童声：我家两堵墙，前后百米长

德义中间走，礼让站两旁）

我家两堵墙，前后百米长

德义中间走，礼让站两旁

我家一条巷，相隔六尺宽

包容无限大，和谐诗中藏

一纸书来只为墙

让他三尺又何妨

街坊邻里常相敬

一段佳话永流芳

（说唱：走在六尺巷，婆婆光影记忆着谦让

争来争去争的是理，斗来斗去斗的是气

三丈高墙两尺厚，一个理字谦中藏）

我家两堵墙，前后百米长

德义中间走，礼让站两旁

我家一条巷，相隔六尺宽

包容无限大，和谐诗中藏

一纸书来只为墙

让他三尺又何妨

街坊邻里常相敬

一段佳话永流芳

一段佳话永流芳

二、知晓一个地方——桐城简介

六尺巷的故事发生在安徽省桐城市。

桐城市是隶属于安徽省安庆市管辖的县级市，位于安徽省中部偏西南，长江北岸，大别山东麓，东南西北四方分别与枞阳、怀宁、潜山、舒城接壤，全市总面积1 472平方千米，下辖3个街道12个镇，人口76万人。

桐城市是桐城派故里，安徽省历史文化名城。桐城因文而名，古有"文章甲天下、冠盖满京华"之盛誉，今有"中国文都"之别称，难怪有人惊叹"天下文章其出于桐城乎！"

桐城钟灵毓秀，地灵人杰，群星璀璨，代起人豪。论时间之早，汉代有大司农朱邑，唐代曹松以诗显名，宋代李公麟以画著称；论名气之大，有父子双宰相，兄弟四翰林；论影响之深，有桐城派三祖方苞、刘大櫆、姚鼐；论个人才能之全，有百科全书式的大学者方以智；论集体人数之多，明清时期，桐城一县之中，中进士240人，举人640人，因科举而当上七品以上官员786人，其中大学士3人，尚书9人。还有刘开、方东树、戴钧衡、姚莹、吴汝纶等桐城派作家。

桐城派又名桐城文派，因其代表人物戴名世、方苞、刘大櫆、姚鼐等都是桐城人而得名。它崛起于清康熙年间，衰落于民国初年，前后绵延200余年，归附作家1 200余人，传世作品2 000余种。桐城派是中国文学史上人数最多、时间最长、流传最广、影响最深的文学流派，具有全国性的文化影响力。

第一章　民间文学

三、聆听一个故事——六尺巷的故事

在桐城市区西后街有一座四柱三间的石牌坊，上面写着"懿德流芳"四个大字。这是一座为旌表礼让而立的牌坊，牌坊后面是一面诗书照壁，通过照壁上的版画向人们介绍了巷道的由来。

据史料记载，清朝大学士张英老家房子旁边有一小块空地，与邻居吴家相邻，吴家在建房子的时候越界占用了这块空地，张家人当然不服。于是发生邻里纠纷，官司打到了县衙，一方是当朝大学士，一方是当地大户，县官左右为难，不知如何处理。这时候张家人写信告诉了当时在京城当大学士的张英，张英看完书后，并不赞同家人为争夺地界而惊动官府的行为。于是，便提笔在家书后面写了四句诗："一纸书来只为墙，让他三尺又何妨，长城万里今犹在，不见当年秦始皇。"短短几句话，寓意却很深刻。接到书信后，张家人按照张英的意思主动后退，让出了三尺地基，吴家人一看，觉得张家有权有势，却不仗势欺人，被宰相肚里能撑船的大度所感动，于是也效仿张家向后退让了三尺地基，就这样形成了这条六尺宽的巷道，被乡里人称之为六尺巷。

同时也留下这样一句乡谚："争一争，行不通，让一让，六尺巷。"

六尺巷的故事超越了时空，超越了历史，没有被人们淡忘，慕名寻访观光的游客在此驻足流连，络绎不绝，它甚至和国家领导人连在了一起：

1956年11月30日，毛主席在接见苏联驻华大使尤金时，巧借张英之诗，批评苏联犯了大国沙文主义错误，危害社会主义团结，奉劝苏联要平等待人，赋予了这首诗深刻的政治内涵和深远的历史意义。

2006年11月21日，原国务委员唐家璇专程来到六尺巷，并挥笔题词"桐城六尺巷，和谐美名扬"。

2008年2月21日，原国务院副总理吴仪专程考察桐城文化并参观六尺巷，吴仪严肃地说："六尺巷的故事告诉世人，大度做人，克己处世。"

2014年11月15日，时任中央政治局常委、纪委书记的王岐山低调来到六尺巷，在深入反腐的背景下被解读成告诫党内干部，为官当知进退，要现代官员学习张英修身为先，大度做人，治国辅政，清廉为官，这又赋予了六尺巷新的时代内涵。

四、养成一种品格——礼让

六尺巷自形成之后，使城内城外多了一条便捷通道，城内居民出城可免去绕城的烦恼，城外人进城省了许多脚力之苦。大家争相传颂，交口称赞，使得六尺巷的故事广为流传。人们不仅为吴氏见贤思齐的举动而感佩，更为张英谦逊、礼让、豁达、大度的精神所折服。

巷道东头的牌坊上雕刻的"礼让"二字道出了六尺巷的精髓，一个"让"字体现了中华民族的传统美德，充分展示了中华传统文化"和为贵"的优秀精神遗产。

原桐城市博物馆馆长、张家十世孙张泽国认为，三尺变六尺的桐城六尺巷，在中国传统文化里也许是被"和"字哲学充盈得最宽阔的街巷之一，它的"宽"不是宽在"六尺"上，而是"宽"在人们的心灵境界与和谐礼让的精神上。心胸宽广、放眼远处、恭谦礼让，在任何年代都受人尊敬。

几年前，中央纪委监察部网站发表了《让人三尺又何妨——安徽桐城六尺巷的启示》一文，首次介绍了这条全长180米、宽2米的巷道。之后，中央纪委监察部网站"中国传统中的家规"栏目再次介绍了六尺巷的故事。

不久之后，《中国纪检监察报》发表文章——《礼让之中见境界》，认为六尺巷的故事之所以为人们所传颂，主要在于它传递了中华民族礼让宽容的美德。文章说，"时下，一些热点难点问题能不能妥善解决，就得看党员领导干部能不能出于公心，让利于民。我们讲'权为民所赋，权为民所用'，体现到具体工作上，就是要站在群众的立场上，以群众利益为重，处处与群众商量办事"，在新时代下，又赋予了六尺巷新的内涵。

五、打卡一个景点——桐城六尺巷

六尺巷位于桐城市区西后街，离市民广场500米。由于历史原因，原来的宰相府早已毁废不存，六尺巷仅为遗址。2000年，桐城政府在六尺巷遗址上就地恢复原貌，增设了东边的"礼让"牌坊、西边的"懿德流芳"牌坊、诗书照壁、休闲广场、假山石等景致。2016年，央视春晚播出赵薇演唱的《六尺巷》之后，全国各地游客慕名而来，络绎不绝。

为了避免游客走回头路，也为了进一步宣传桐城文化，政府在六尺巷隔壁增设了一条桐城文化宣传走廊，将桐城名人、故事及张英家训精华内容上墙展示。另外，将荣康医院整体搬迁，重新规划恢复当年的宰相府和吴府，并已纳入市政重点工程。目前，重建工作正在进行中，相信不久的将来，古色古香的宰相府、吴府定会重新出现在世人的眼前。

六尺巷的故事是对中国优秀传统道德的一种生动诠释，在构建和谐社会的今天，更不失其非凡的意义和重大作用。六尺巷的故事现已收入"中国风景名胜词典"，入选安徽省第一批非物质文化遗产名录。六尺巷的故事还被创作成黄梅戏、电视剧、电影等，通过这些影视作品的传播，使六尺巷精神广为传播，成为宝贵的文化资源和精神财富。

六、知道一个人物——张英

六尺巷故事的主角——张英（1637—1708），字敦复，号乐圃，安徽桐城人，清朝官员。张英于康熙六年中进士，选庶吉士，累官至文华殿大学士兼礼部尚书。康熙四十七年卒，谥文端。雍正年间，赠太子太傅，入祀贤良祠。乾隆年间，加赠太傅。

他的儿子张廷玉历任礼部尚书、户部尚书、吏部尚书，拜保和殿大学士（内阁首辅）、首席军机大臣等职，死后配享太庙，是整个清朝唯一一个配享太庙的汉臣。

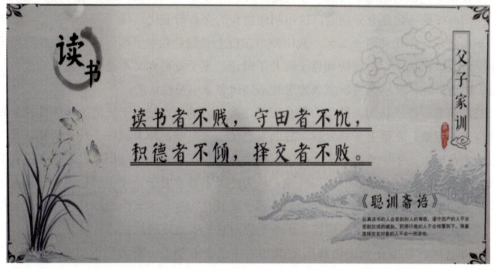

张英在家书《聪训斋语》中提出四条家训"读书者不贱，守田者不饥，积德者不倾，择交者不败"。他的儿子张廷玉时时诵读，谨记在心，后功业有成，继承家风，续写家训《澄怀园语》。张英父子被桐城人称为父子双宰相，他们写的家训被称为父子宰相家训，曾国藩至少五次推荐，叹曰"句句皆吾肺腑所欲言"。父子宰相家训句句良言，发自肺腑，切实可用，张家后人受益无穷。张家相继为官者数十百人，三世得谥、六代翰林。一门之内，祖父子孙先后相继入南书房，自康熙至乾隆，经数十年之久，此他氏所未有也。张氏之所以如此兴盛，重要原因之一就是有良好的家训、家风的教诲和熏陶。

庄子的传说

庄子，战国中期思想家、哲学家和文学家，姓庄名周，字子休（亦说子沐），宋国蒙人，先祖是宋国君主宋戴公。他创立了华夏重要的哲学学派——庄学，是继老子之后，战国时期道家学派的主要代表人物之一。他是老子哲学思想的继承者和发展者，先秦庄子学派的创始人。先秦七子之一，与老子并称为老庄。

一、庄子传说的代表故事

庄周梦蝶：庄周梦见自己变成一只蝴蝶，飘飘荡荡，十分轻松惬意，他这时完全忘记了自己是庄周。过了一会儿，他醒来了，对自己还是庄周感到十分惊奇疑惑。他认真地想了又想，不知道是庄周做梦变成蝴蝶呢，还是蝴蝶做梦变成了庄周？庄周与蝴蝶一定是有分别的，这可叫作物我的交合与变化。

知鱼之乐：庄子和惠子某天一起出游，在桥上看到鱼在水里游，庄子就说鱼游得十分自在，鱼应该很快乐。由此便和惠子展开了辩论，惠子觉得你又不是鱼，怎么知道鱼是否快乐。庄子辩称你又不是我，怎么知道我不知道鱼是不是快乐的。

鼓盆而歌：庄子认为人的生命是由于气之聚，人的死亡是由于气之散，因此视生死为一种自然的现象。在他妻子病死后，好朋友惠子前来吊唁，却看到庄子岔开两腿，像个簸箕似地坐在地上，手中拿着一根木棍，面前放着一只瓦盆。庄子就用那根木棍一边有节奏地敲着瓦盆，一边唱着歌。朋友很气愤，认为庄子不尊重妻子。庄子解释说生死是人生中不可避免的事，既然生必然要转化为死，死也要转化为生，生有生的意义，死也有死得价值，那么人们对生死的态度就应该是坦然地面对它，安然地顺从它。

鹓得腐鼠：惠施在大梁做魏国的国相，庄子去看望他。有人告诉惠施说："庄子到大梁来，是想取代你做宰相。"于是惠施非常害怕，在国都搜捕三天三夜。庄子前去见他，说："南方有一种鸟，它的名字叫鹓鶵，你知道它吗？那鹓鶵从南海起飞到北海去，不是梧桐树不栖息，不是竹子的果实不吃，不是甜美的泉水不喝。在此时猫头鹰拾到一只腐臭的老鼠，鹓鶵从它面前飞过，猫头鹰仰头看着，发出'吓'的怒斥声。现在你也想用你的相位来吓我吗？"

庄子传说的故事让人们看到了一个活生生的大智若愚、顺应自然、保持本色、淡泊名利的人物形象，体现出了上无为而下有为，治国要效法天地，做事要尊重自然规律的道家思想，这些观点至今仍具有无限的生命力。

第一章　民间文学

二、庄子传说的历史源头

庄子出身于宋国贵族，少时读书甚多，其学无所不窥。成年后家道渐衰，沦为平民。他曾做过一段管理漆园的小官，这份差事使其有机会接触到下层手工业劳动者，了解民间的工艺技术，从而触发了他许多关于社会、人生的哲思睿想。可是庄子的性格并不适应这种拜迎长官、鞭挞庶黎的工作，不久辞官归隐南华山，过着清贫的生活。有时靠打草鞋、钓鱼维持生计，饿得肌黄面瘦。庄子虽然贫穷，但他卑视名利，楚威王重金聘请他为相，他坚辞不受。齐王以庄周贤，也想聘其为相，他却把相位比作牺牛。还有些诸侯聘他做官，都被他一一推辞。庄子就是这样自甘清贫、不慕荣贵、安贫乐道、抱朴守真、著书立论、独与天地的精神。

庄子的才学不可小视，其著书十余万字，大多都是寓言。庄子因崇尚自由而不应楚威王之聘，后厌恶仕途，隐居著书，被后世尊称为道教祖师、南华真人、道教四大真人之一。

当时诸侯混战，争霸天下，庄子不愿与统治者同流合污，便辞官隐居，潜心研究道学。他把"贵生""为我"引向"达生""忘我"，归结为天然的"道""我"合一。

司马迁在《史记》中用精练的一二百字介绍了庄子的生平，并未提起庄子的字，字子休是由唐人提出的。他的著作如《渔父》《盗跖》《胠箧》等篇，都是用来辨明老子的主张的。

三、庄子传说的影响

庄子是以抽象思辨的本体论，而非具体某种政治主张，来实现他对宇宙万物的根据和原则的探求。庄子对于中国古代文化的最重要贡献，也正是在于他对于抽象思辨的哲学本体论的独到关注。

　　庄子最引人注目的，便是他提出的逍遥处世之说。庄子塑造的人生境界，是最飘逸灵新的一种洒脱。正所谓"宠辱不惊，闲看庭前花开花落；去留无意，漫随天外云卷云舒"。

　　庄周五十岁，勘破世情，方知以前之非，老子以五千字真诀，倾囊相授，庄周密诵修炼，能出神入化，遂弃职辞师，云游四方，与陶朱公为友，楚惠王尊他为师。庄周学无所不窥，喜托寓言以广其意，"东施效颦""邯郸学步"等著名寓言就出自他的著作。在哲学思想上继承和发展了老子道法自然的观点，使道家真正成为一个学派，他也成了道家的重要代表人物。庄周还是一位优秀的散文家，行文措辞，描摹事物的情态，语言汪洋恣肆，随心而发。他的文章气势磅礴，具有很强的感染力，在文学史上占有重要地位。

　　后世道教继承道家学说，经魏晋南北朝的演变，老庄学派取代黄老学派成为道家思想的主流。对于庄子在中国文学史和思想史上的重要贡献，封建帝王尤为重视，庄子其人被神化并奉为神灵。其文章具有浓厚的浪漫色彩，对后世文学有深远影响。

　　庄子传说不仅蕴含着丰富的宇宙观、自然观、人生观，而且具有浓郁的民风民俗等特色，是中华民族灿烂文化的瑰宝。

　　庄子传说在中国2 000多年的历史进程中产生了极大的影响。庄子儒道互补的思想格局，孕育了中国古代知识分子外儒内道的人格形态。而庄子所提出来的人格理想，超然适己的生活精神，更是深刻地参与构建了中国传统文人的内在精神世界。庄子以其瑰丽多姿的文辞深深地吸引了历代文士，深深地影响了中国古典文学的发展方向，丰富了绘画及音乐艺术理论。此外庄子旷放任情、羁傲不群的性情品格，也影响了后世人的才性品质。

第二章 传统音乐

和县民歌

和县民歌是和县人民在长期的生产劳动中形成的，具有鲜明的地方特色，同时和县地处江淮之间，独特的地理优势造就了和县民歌豪婉兼备的特性。其不仅具有江南水乡的秀美韵味，也兼有高亢激昂的北国风味，内容为劳动生产、爱情、民俗等，与时代、生活息息相关。

一、和县民歌的起源

和县民歌的起源当追溯于三四十万年前的和县猿人。先祖们围歼野兽的吆喝，搬运猎物的号子是和县民歌的雏形。其主要表现形式有号子、山歌、小调等，作品内容丰富，种类繁多，词句简洁，富有浓厚的生活气息。

和县民歌历史悠久，源远流长，它是承载和县人民精神与感情的重要载体，是和县人民智慧的体现。

我国是个地域广袤的国家，每个地区都有自己特色的民歌。每个民族都有他们自己的歌曲，这些歌曲绝大部分不知道作者是谁，而是以口头传播、一代传一代地传承下去。作为"和文化"的重要组成部分，和县民歌早已名声在外。近几年，和县采取多种措施，全力打造这张靓丽的文化名片，组织文艺工作者深入民间挖掘、搜集和整理具有和县地域特征的民歌，对部分民歌进行改编和加工，配以群众所熟悉的曲调，深受群众喜爱，广为传唱。

二、和县民歌的过去和现在

和县地处长江下游的马鞍山市沿江水网地区,与江苏南京、安徽芜湖接壤,区位优越,文化昌盛,民风淳朴。这里的民歌丰富多彩,流传广泛,久唱不衰。和县民歌的内容大致分为劳动、爱情、民俗三个方面。一般用来表达劳动人民的思想感情和意志愿望,具有鲜明的地域性、亲和性,强烈的现实性和战斗性。传统民歌有《打茼蒿》《车水歌》《姐叫情哥你放心》等,号子有《打硪号子》《挑担号子》《舂米号子》《龙船号子》《车水号子》等,对巢湖民歌、当涂民歌都产生一定的影响。抗日战争时期,和县流行的民歌有《打得鬼子喊亲娘》《河里水黄又黄》《山猴子》《当兵要当新四军》等,反映了军民团结战胜敌人的决心和勇气。新中国成立后,民歌有了新的内容,主要是反映劳动人民翻身后的欢乐情绪、革命理想和建设新生活的憧憬。改革开放以来,和县的民歌爱好者运用民歌的曲调改编、创作了一大批反映当前现实生活的作品,如《劳动的光芒》《长在画里的农家》《崭新的老家》等,在全国各地的各种演出、比赛中获奖,影响较大。

和县民歌长期在民间流传,出现不少为群众喜爱的优秀曲调和歌手。抗日战争时期,和县流行一些自编自唱的民歌、小调,如《日本鬼子大炮》《军民合作》《对口唱》《抗日救亡歌》等。1957年,濮集乡的民歌被选拔参加全国业余文艺汇演,女民歌手李本兰赴北京演唱受到一致的好评。20世纪70年代,县文化馆组织专业干部下乡,搜集、整理和县民歌,主要有《划龙船》《打茼蒿》《跳下田里把稻薅》《叫我唱歌我不难》《太阳下山落了坡》《土改锣鼓》等,其中《土改锣鼓》刊登在《江淮文艺》刊物上,《打茼蒿》由歌唱家朱逢博演唱,中国唱片社上海分社录制成唱片发行。

三、和县民歌的传承与发展

和县民间流行吹打乐和打击乐。乐器有唢呐、竹笛、箫、锣、铙钹、木鱼等,曲调有圣调、一枝梅、大开门、小开门等,或单独演奏,或民间歌舞伴奏,或用于婚丧嫁娶。

和县对部分民歌进行改编、整理和加工,其中《红火日子开了头》参加了首届中国农民文艺汇演获得二等奖,《巢湖水喝了一口心儿醉》《幸福的生活万年长》获华东六省一市新民歌大赛创作一等奖、表演二等奖,《四双红绣鞋》获2008年花鼓灯艺术节二等奖。创作、改编的民歌《哎哟我的小情歌》《车水上歌》《长在画里的农家》《姑嫂对花》等节目还分别参加了安徽省第七届艺术节、安徽省首届农民歌会、江南民歌会、巢湖歌会等大型文艺活动的演出。此外,和县新创民歌——《我的名字就叫和》,入围第二届安徽省群星奖总决赛;和县创作、改编的民歌《划龙舟》代表安徽省参加了第七届(张家港)长江流域民族民间艺术节。

和县各镇都有农民演出队伍,他们利用农闲时间、节庆活动、婚丧嫁娶开展活动,很多农民朋友根据和县民歌曲调现场填词,现编现唱,让这一宝贵的文化资源得到很好的记录和传承;也积极地创造条件让群众参与文化活动,举办青年歌手大赛、民歌歌会、广场文艺等演出,丰富了群众精神文化生活,也让和县民歌越唱越远,经久不衰。

大别山民歌

大别山民歌是安徽皖西地区广为流传的传统民歌,以山水相依的独特地域性,兼收了通过水路流传来的其他不同形式民歌的艺术特点,又不失自己的本土大别山山歌之特色。其既具有山的沉稳、豪迈、厚实之特点,又具有水的流畅、悠扬、灵动之风格,是极其重要的非物质文化遗产。

一、大别山民歌的起源

大别山民歌与六安悠久的历史密不可分。它由上古时期的部落民谣发展演变而来，内容有反映古代社会历史的，如《皋陶执法》《大禹治水》《楚汉之争》等；有反映近现代革命、劳动、生活状况的，如《辛亥革命》《红军起义》等；还有反映社会主义建设时期生活、生产及各个历史时期六安风土人情的，其中以《挣颈红》《慢赶牛》等传统民歌和《八月桂花遍地开》《送郎当红军》等革命民歌最有影响。

皖西大别山民歌通过历代不断的传唱，记录了一些社会发展的历史印迹和地方民众的生活状况，具有较高的社会历史与民间艺术研究价值。

二、大别山民歌的风格特点

大别山民歌大多保持了原始音调，其曲调大致有两类：挣颈红和慢赶牛，其中前者曲调较为高亢，后者曲调较为婉转。通常有才华的山歌手，会运用一个基本腔调，随着内容的变化而唱出不同的感情，曲调也有所变化，即情即景，出口成歌，随编随唱，对答如流。

皖西大别山民歌在安徽和全国音乐界产生过巨大的反响，其主要特点有：①原生态特征；②明显的地域特征；③综合的艺术特征。

情歌永远是民歌的滥觞，大别山民歌也不例外。其内容丰富多彩，涉及爱情的各个方面，包括赞慕、初识、试探、诘问、初恋、相思、热恋、起誓、离别、送郎、思念、苦情、抗争、失恋、逃婚等。

从艺术欣赏和审美的角度看，这些民歌直白朴实，实际上是大别山人民人性美、人情美的极好体现。大别山民歌所表现的艺术内容来自大别山人的社会生活和家庭生活，因此跟大别山地区的生产生活内容紧紧相连，是他们劳动的创造，生活的结晶，感情的宣泄。大别山区处于鄂豫皖交界，由于地理条件的限制，大别山区农业生产主要依山而耕，大别山人多以营林伐木、种茶采茶、畜牧养殖为业。山民的生产活动大多在山地林间，由此产生了大量的山歌，如采茶歌、放牛歌、长工歌、号子等，表现的手法比较简单、直接。

目前，随着社会的变迁和时间的流逝，老一辈歌手大多已不在人世，中年歌手忙于生计，少有传唱活动，即使有年轻人愿意传承大别山民歌，也往往因找不到第一手资料而无法学习。在此状况下，许多优秀的皖西大别山民歌濒临失传，亟待抢救。

三、大别山民歌的发展与传承

大别山民歌曾经辉煌一时。红军时期，一曲《八月桂花遍地开》在鄂豫皖苏区甚为流行，直至今天还广为传唱。一位大别山网友曾在论坛发文追忆儿时春节期间闹花灯、唱民歌的氛围，他这样写道："黄昏未近，便开始吃饭、化装、更衣。暮色初降，锣鼓敲起来，红灯打起来，旱船撑起来，花挑扭起来，人们汇集起来，这是出发前的仪式。咚咚哐，咚咚哐咚，哐哐咚咚哐咚……突然，锣鼓的声韵即刻刹住，撑船的艄公唱起了门调：锣鼓一打喜盈盈，大家都是爱玩人，去年玩灯人丢了，今年玩灯又丢人，自从红灯闹过后，男女老少享太平。"

20世纪50年代，大别山民歌最为风行。1960年，一曲《花伞舞》致使大别山区各大商场花伞卖缺。该节目经过中央歌舞团加工整理，于同年参加了维也纳第七届世界青年联欢节演出，荣获银质奖章。

与大多数民歌一样，大别山民歌也经历了一个由风行到式微的过程。在大别山区，能够唱出原汁原味的大别山民歌者，多为50岁以上的人，传承显得非常迫切。六安市研究大别山民歌的管亚伟说，他曾多次深入大山深处搜集民歌，走访当年的艺人，深感时间之紧迫。民歌的一个主要传承特点是歌随人兴，只有不断有新生力量传唱民歌，它们才可能一直流传下去。

有专家指出，大别山民歌历史悠久，曲调抒情奔放、细腻缠绵、风格独特，是中国民族音乐中的奇葩，其中以采茶调发展而来的黄梅戏已家喻户晓。今天发展大别山民歌，要让她与群众的审美情趣和审美需要相吻合；在继承传统的基础上创新，才能创作出具有时代气息的大别山新音乐。传统的原腔山歌中有很多艺术精华，应该在重视原腔山歌的基础上，运用作曲的技法加工发展大别山民歌。同时，歌词内容必须贴近新生活，而又保持其"山"和"情"的特色。这样才能创作出具有时代气息、易为群众所接受和欣赏的音乐来。在这方面，最为成功的范例就是《八月桂花遍地开》。

大别山民歌的传承受到大别山人的重视。六安市从2009年起，已举办三届大别山歌会，这对繁荣民歌创作起到积极的推动作用。专家认为，要发展大别山民歌音乐，既要保持传统，弘扬精华，又要大胆打破框框，吸纳其他艺术的精华和运用新时代的技术成果，只有这样，才能将大别山民歌推向一个新的高度。只有创作出适合时代的作品，才能普及、繁荣大别山民歌，使大别山民歌这一奇葩，更加绚丽多姿，璀璨夺目。

五河民歌

五河民歌是流传于安徽省五河县及周边地区的一种传统民歌形式，有劳动号子、秧歌（田歌）和小调三大类。五河民歌的表现形式多样，内容丰富，是淮河流域传统民间音乐文化典型代表之一。其对于丰富和完善中国民歌宝库和研究中国音乐史，都有着极其重大的意义。

一、五河民歌的历史

五河民歌具有较为长久的历史，至明代已达到顶峰。它种类繁多，曲目丰富，据普查统计，共有民歌一百六十余首，其中以小调类的民歌最多也最具特色。

五河地处淮北、淮南、苏北交界之处，既受中原文化的影响，也为吴、楚文化所渗透。故五河民歌既具备淮北侉腔侉调、粗犷豪迈的特点，又有节奏平稳、小波浪式的旋律线条，呈现出很强的抒情性。因而五河民歌是五河及周边地区，乃至淮河中下游地区优秀文化音乐的杰出代表，传承着五河周边地区乃至淮河中下游地区口头的历史，是浩瀚中国民歌大系中一颗璀璨的明珠。

　　五河民歌的历史记载最早见于1458年（明天顺二年）所修县志。《五河县志·风俗》记载："除夕前二三日，小儿打腰鼓、唱山歌来往各村，谓之迎年……"；"民间插柳于门，断荤腥，茹素，小儿作泥龙，舁之，作商羊舞而歌于村市……"；"三月建辰……清明，民间祭祀、扫墓，官祭历坛，请城隍出巡，百戏竞作，举国若狂，歌舞灯采三日而毕。"《五河县志·古迹》记载了历史上经典的五河八景："……南浦渔歌北原牧唱……东沟鱼唱西坝农歌。"因此，五河民歌在明代从题材、体裁、内容和形式上都已经具有了丰富的内涵，专门的祭祀歌已经存在，民间的儿歌、山歌遍及村市。

二、五河民歌的表现形式

　　五河民歌的表演以演唱和白口为主，兼有独唱、对唱、说唱、小演唱等表演方式。调式多为徵调式，但也有与其他调式在旋律中相互交替的，如《四季颂淮北》开始是宫调式，后转入徵调式，最后一句却结束在羽音上，给人一种突如其来的新鲜感。

　　五河民歌原本以清唱为主，后逐渐发展成为有伴奏的演唱，伴奏乐器主要有二胡、唢呐、笛子、笙、梆子等。其中的二胡当地俗称二蒙子，系以蛇皮、黑鱼皮制成，也有用自制柳琴代替二胡伴奏的。

　　五河民歌有《摘石榴》《打菜苔》等久唱不衰的代表作，在长期传承过程中出现了许多代表性艺人。作为淮河中下游地区民间音乐文化的杰出代表，五河民歌具有重要的地域文化和民间艺术研究价值。

五河民歌的流传，以其水乡特有的风韵，民俗风情的饱满，唱响了淮河沿岸，也同时不断地汲取养分。从它的艺术特征上，我们不难找到花鼓之乡——凤阳的影子，也可以感受侉腔侉调的语言环境。

三、五河民歌的形成与发展

从现有的史料记载中，可以看出五河民歌在明代从题材到体裁、从内容到形式上都具有一定的丰富内涵。由于五河有着厚重的文化积淀，因此也留下了众多宝贵的文化遗产。而五河民歌所体现出的本地区民俗文化，充分地展示了典型的五河风情。如五河民歌的典型代表曲目——《摘石榴》中的方言："呀儿哟"以及与五河地区语调相呼应的旋律、结构特点，都可以感受到浓厚的地方色彩。

五河民歌中的很多音乐主题，从节奏、旋律线条上看都有着共同特点，如《四季颂淮北》等。但由于是用不同的手法表现和产生出来的旋律，各自又独具特色。也有一些民歌是从外地流传而来，如《八段景》《虞美人》等。这些歌曲经过长期在五河地区流传、演唱，已经改变了原来的面目，注入了当地的一些音平特色，被异化为具有五河特色的民歌。

五河民歌在充分展示本土文化底蕴的同时，也再现了民族融合、文化交流的历史发展进程。有史以来，五河始终是兵家必争之地，纷乱的历史环境终难以安定。明初洪武年间改旧制，大移民的实施，南至苏吴，北达山东，大批的移民涌入和原居民形成了有机的融合。社会环境的相对稳定，文化空间的全新构成，促使五河民歌在不同文化的碰撞与交融中日趋成熟。凭借特殊的地理位置和四通八达的水路交通，五河民歌得到了传播和发展。

目前，受市场经济大潮的冲击，人们的价值观念发生了很大的变化，包括民歌在内的诸多民间艺术举步维艰。至今健在的五河民歌老艺人仅剩几位，年龄均在80岁以上，这种特点鲜明的民间艺术后继乏人，濒临灭绝，抢救保护刻不容缓。

传统的五河民歌不仅要保护好它，还要让它活下去。在民族音乐国际化的今天，只有不断地给五河民歌注入新时代的文化元素，才能有繁衍的生命力。传承、创新五河民歌的另一条有效捷径是将五河民歌融入教育这块阵地，要把当地民歌融入课堂和实践当中，增强新青年对五河民歌的兴趣，激发他们再创作的意识，使我们的民族音乐文化大放光彩、生生不息。

宿松民歌

宿松民歌是流传在安徽省宿松县境内传统民歌的总称。它语言生动，曲调优美动听，具有鲜明的艺术特色和地方风格，是宿松人民在长期劳动中创造出来流传至今的集体抒情诗。

一、宿松民歌的历史起源

宿松古称松兹侯国，建县于西汉高后年间，至今已有2 000余年，地处皖、鄂、赣三省八县结合部，位于长江下游北岸，是吴楚文化的交汇带。境内有山区、丘陵、湖区和平原，自西北向东南阶梯式分布。宿松民歌题材丰富，体裁多样，现已搜集整理的宿松地区传统民歌836首，有山歌、小调、号子、歌舞曲及风俗歌曲等。

宿松民歌的具体起源时间无法考证，但现今搜集到的民歌均为明代以后开始在本地传唱的。新中国成立后，当地政府组织过三次大规模的民歌搜集整理工作，编印过《宿松民歌选》《宿松民歌曲谱》等书刊。这些作品是宿松人民口头创作、口头演唱、口耳相传的典型文化表现形式。自1949年后，宿松人民创作传唱民歌形成热潮，宿松民歌也逐渐由口头记忆转向书面记载，由乡村走上舞台。

二、宿松民歌的表现形式

宿松民歌基本都是运用本地的方言来演唱，演唱的腔调主要有山歌、小调等。山歌腔调又分为老麦腔、升佛腔，小调腔调则分为连厢调、十二时辰调、梳妆台等。现在，黄梅戏的一些唱腔也是来源于宿松民歌的腔调。

宿松民歌内容涉及社会生活的各个方面，体现了宿松劳动人民的生产和生活习俗，方言土语大量入词，诙谐幽默，形象生动，旋律优美。调式上除采用徵、宫调外，还有全国民歌中罕见的羽调式歌曲（如《太阳下山岸上昏》）。在节拍形式上还有罕见的3拍子，如《驾竹排》第二段，演唱上真、假嗓音相结合，演唱方式有对唱、合唱、独唱等多种方式。宿松民歌具有较高的文学和音乐审美价值，对于研究宿松的民俗文化也有颇高的借鉴价值

宿松民歌是一代代宿松先民在长期的生产、生活过程中创作出来的文艺作品，是劳动人民集体智慧的结晶。方言土语的民歌演唱是先民们最重要的文娱方式，它具有肥沃的土壤，具有无穷的生命力。

三、宿松民歌——打铁歌

《打铁歌》是宿松民歌中最有代表性的是一首，它流行范围最广，时间跨度最长，全县男女老少几乎人人会唱，歌词如下：

早打铁，晚打铁。打把剪刀送姐姐，姐姐留我歇，我不歇，我要回家打夜铁。夜铁打到正月正，我要回去玩花灯。花灯玩到清明后，我要回家种黄豆。黄豆开花绿豆芽，哥薅草，妹送茶。妹呀妹，你放乖，我把你寻个好婆家，堂前吃饭婆洗碗，房里梳头郎插花，左一插，右一插，中间插朵牡丹花，牡丹花里一对鹅，一肩飞到二郎河，二郎河里姊妹多，不做生活专唱歌。站到唱，脚又酸，坐到唱，嘴又干，倒一碗开茶泡心肝。

这首宿松城乡妇孺会唱的民歌，为本县著名采茶戏艺人方玉珍所作。

方玉珍（1869—1920），字雨水，名玉珍，本县马塘乡桃园村人。他10岁时在私塾读了半年书，从小爱唱山歌和采茶戏，记忆力强。16岁时，因生活所迫，带领其弟到江西星子县李河打铁，晚上便唱采茶戏，深受群众欢迎。方玉珍到星子不久，便参加了李河戏班，演唱《韩湘子化斋》《山伯访友》《乌金记》等传统剧目。他自己演小生、须生或小丑，其弟演花旦或青衣，兄弟俩经常演《夫妻戏》《兄妹戏》，巡回献艺于九江、星子、德安、瑞昌、武宁等地，获得观众的好评。由于他嗓音好，表演逼真，享有"盖五县"之美名。方玉珍不但能唱会演，而且善于取材，自编一些民歌和小戏。《打铁歌》中的"堂前吃饭婆收碗，房里梳头郎插花"的词句，蔑视封建礼教，歌颂了男女之间的真挚爱情。他的姐妹因爱唱采茶戏，也先后嫁到二郎河。光绪二十八年（1902年），方玉珍回到家乡，收王子林、王国府、朱婆生等10余人为徒弟，教唱采茶戏，还组织戏班到县城、华阳、石牌、黄梅、九江、彭泽、星子等地演出，也曾献艺于上海、武汉等地。戏迷们只要听说方玉珍的戏班要到，立即筹钱筹粮，支持演出。方玉珍晚年还在九江县的黄老门、蔡家山等处教戏。1920年12月病逝，享年51岁。他把毕生精力都献给了戏剧艺术。

明代李介立《天香阁随笔》："天启时，南直（南京）有童谣曰：'张打铁，李打铁，打把剪刀送姐姐，姐姐留我歇，我不歇，还要家去学打铁。'"《打铁歌》开始于何时？有人说是明朝末期，根据是开头的"张打铁，李打铁"，说张、李就是张献忠、李自成。其实这里的张、李如同张三、李四，是泛指。张、李二姓在全国人数最多，都超过了1亿人口，所谓"九李十三张，无张不成屋"就是这个意思。

第二章　传统音乐

　　这是一首男人的歌，刻画了一个勤劳、能干、善良、聪明的男人。他打夜铁、游花灯、点黄豆、搭花屋、搭花灶，各种技艺无所不能，无所不会；刻画了一个能干的宿松好男儿。

　　宿松民歌流传历史久远，分布广泛，是农耕文化的产物。但由于社会的发展，文化生活的多元化以及人民生产生活方式的改变，宿松民歌的发展空间在不断地缩小，能唱和会唱的人基本上都是60岁以上的高龄人群，故抢救性整理工作迫在眉睫。

灵璧唢呐

　　唢呐艺术是一种中国民间传统文化表现形式。唢呐艺术的基本乐器为唢呐，俗称"喇叭"，是一种在我国各地广泛流传的民间乐器。根据不同分类标准其可以分不同的种类，过去多在民间的吹歌会、秧歌会、鼓乐班和地方曲艺、戏曲的伴奏中应用。经过不断地发展，丰富了演奏技巧，提高了表现力，已成为一件具有特色的独奏乐器，并用于民族乐队合奏或戏曲、歌舞伴奏。

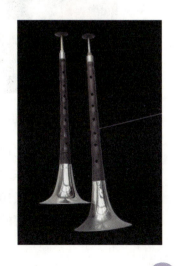

一、唢呐的起源

　　最初的唢呐是流传于波斯、阿拉伯一带的乐器，就连唢呐这个名称，也是古代波斯诺 Surnā 的音译。唢呐常作为领奏乐器或与锣鼓结合演奏，适于表现热烈、欢腾的气氛和雄伟、壮阔的场面，尤其适于演奏豪放、泼辣的曲调，能够深刻而细腻地抒发内在的思想感情，是一件表现力很强的乐器。唢呐可用于独奏、合奏或伴奏，演奏风格大致可分为南北两派。南方吹奏唢呐牌子（包括大部分戏曲伴奏），运用循环换气法一字一音，很少用其他演奏技巧装饰旋律。北方民间艺人创造了许多高难度、复杂的演奏技巧，如滑音、吐音、气拱音、气顶音、三弦音、箫音等，还有模仿鸡啼鸟鸣、人声歌唱（俗称咔腔）等，从而大大发展和提高了唢呐的表现力。唢呐音量宏大有力，音色高亢明亮，常用作室外演奏，是民间婚丧仪仗和吹打合奏中的主要乐器。其不仅在广大农村广为流行，并且是河北吹歌、山东吹乐、辽南鼓吹、潮州大锣鼓和山西八套等地方音乐离不开的乐器。在地方戏曲、说唱音乐和民族乐队中，也占有一定的地位。用它伴奏的戏曲和说唱音乐，具有浓厚的地方色彩。唢呐的独奏曲目多源自民歌、地方戏曲、民间小曲和戏剧曲牌，具有浓厚的乡土气息和民间风味。

二、灵璧菠林喇叭

灵璧菠林喇叭是皖北地区灵璧县尹集镇菠林村的民间乐班所创造的唢呐演奏艺术。

灵璧县位于安徽省东北部，环境优美，历史悠久，早在新石器时代，就有人类在这里居住。宋哲宗元祐元年（1086）建县，历经朝代之更迭，先人们以聪明的智慧和不懈的努力，留下了至今熠熠生辉的文化遗产，菠林喇叭则是这一土壤中诞生的优秀民俗音乐。菠林喇叭也叫周家唢呐、周家鼓乐班。自清末开始，周家为谋生献艺，成立喇叭班，辗转在灵璧尹集菠林村落户，后渐成规模。民国时期，周家开班授艺，徒众及班数不断扩大，在苏鲁皖地区影响较大。长此以往，形成了自己独特的吹奏技艺，配合当地各种民俗事宜。菠林喇叭历经七代传承，门徒不断壮大。菠林喇叭是一个容纳皖北地区音乐作品和音乐信息的宝库，是特有的地域音乐文化，经艺人不断地加工传承至今，以其丰富的曲牌、庞大的演奏队伍、丰富的民俗内容和浓郁的地方特色，成为我国民间音乐中一个独特的乐种，有较高的研究、保护价值。将菠林喇叭进行重点保护，对弘扬民俗文化，传承民俗音乐都有十分特殊的价值和重要意义。

三、菠林喇叭传承与价值

菠林喇叭是已故中国管乐大师周正玉等周氏族人为乐手成员的民间乐班所创造。周家班自清末创始以来发展到现在，历经百年沧桑。目前，周姓直系有男女老幼乐手共计100余人，外姓徒众1 000多人，形成庞大的民间音乐族群，横跨苏鲁豫皖，享誉民间海外。全国有20多个民族有吹奏唢呐的传统，在700多年前的金、元时代传到中原地区。菠林喇叭自清末形成以来，一直以曲牌丰富，音乐独特，彰显礼仪，盛传不衰而著名。目前以"周家八虎"和"鼓乐四花"为代表人物。其主要价值有三，一是以丰富的曲牌和多元文化特征活态传承，是一个容纳皖北地区音乐作品和音乐信息的宝库；二是在音乐上有许多独创，其中铜唢呐的演奏，音高而不燥，柔而不腻，韵味质朴，表演保留了大量的民间戏法绝活，具有较高的艺术欣赏价值；三是秉承传统文化，与民俗息息相关，起到烘托气氛、彰显礼仪的作用。作为区域文化的一部分，它全面、真实、生动地体现了这一地区民风、民俗面貌，具有很高的民俗学研究价值。菠林喇叭始终扎根土壤，吸取养分，与时代脉搏一起跳动，是民族、民间音乐的一泓活水。2012年，参加了北京"毛泽东主席诞辰119周年"纪念演出活动。"周家八虎"中的周本鸣、周中华还随政府代表团访问韩国、日本，以及我国的港澳台等地，2006年，随央视赴奥地利维也纳参加了"华人新春聚会"演出，名扬海外。近年来，其活跃在全国各地，技艺传承更加丰富，出版了部分音乐专辑，受邀参加"欢闹省城""京城献艺""迎奥运""出省挑战打对棚"（打擂台）等一系列大型活动。

凤阳民歌

凤阳民歌俗称凤阳歌，是安徽省的传统民歌，其主要流行于凤阳县东部的燃灯、小溪河、红心一带。凤阳花鼓中的凤阳歌是凤阳民歌重要组成部分之一。在明初移民文化的影响下，凤阳民歌得以历史性更新和发展，并随之闻名中外。

一、凤阳民歌的特色

凤阳民歌具有广泛的平民性，它所表达的内容是劳动人民生活中的喜怒哀乐，是中国不同历史时期社会生活的真实写照。以凤阳花鼓为载体的《打花鼓》等曲目，对我国许多曲种的音乐唱腔有着重大的影响。明初以后，凤阳民歌随着移民四处卖艺求生而响遍华夏的大江南北，尤以江南、北京、山西为多。据史料记载，除新疆、西藏外，中国其他地区都飘荡过凤阳民歌的旋律。

作为安徽省的传统民歌，凤阳民歌一直栖居在每个安徽人的内心深处。在明代嘉靖万历年间，周朝俊的《红梅记》最早以文字的形式记录了凤阳民歌，成为人们研究凤阳民歌的重要依据。

凤阳民歌以反映不同历史时期人民群众日常生活情景为主，如《杨姑娘上吊》《姑娘吵架》等；情歌的数量最多，也最受民众喜爱，如《打菜苔》《送郎》《二姑娘倒贴》等，反映了旧社会青年女子对婚姻爱情的美好向往和追求；时政歌主要反映人民群众对社会事件的认识态度，有歌颂的，也有讽刺的，政治色彩浓厚，如《十杯酒》《土改歌子》和《打离婚》等。

凤阳民歌因明初的移民政策，具有超越地理界线的广泛普适性。随着时代的发展，凤阳民歌的体裁也在不断地更新。从一开始描述的男欢女爱、淳朴生活、伦理道德，到之后的斗地主、镇压反革命等，凤阳民歌一直以热烈、浑厚、壮美的艺术表现方式，积极推动着人民高涨的热情，让热爱生活与祖国的情怀在安徽人心中生根发芽，直到融入骨血，成为一种生活态度。

二、凤阳民歌的流传与发展

凤阳民歌在凤阳县域内均有流传。新中国成立前,凤阳境内贫苦农民常打着花鼓唱着凤阳民歌流浪卖艺谋生。

凤阳民歌音韵朴实优美,曲目繁多,随着历史的发展,内容越来越丰富,主要有秧歌、号子、山歌、情歌小曲等种类,流行全国的有300多首。闻名中外的《凤阳花鼓》《凤阳歌》《鲜花调》《茉莉花》是凤阳民歌中的传统经典曲目,极具当地文化特色。

凤阳民歌得以流传的主要载体是凤阳花鼓、钱杆子、权垃机等民间艺术形式。特别是凤阳花鼓,从问世起就和凤阳民歌结下不解之缘,成为凤阳民歌的最佳搭档。明末清初,凤阳民歌流行更广,全国各地都有凤阳人打着花鼓演唱凤阳民歌行乞的身影。清代文人孔尚任、袁启旭、李声振等的诗词中,都有描述凤阳人在街头卖艺唱凤阳民歌的情景。

20世纪初,凤阳民歌是当时进入唱片业的民间艺术之一。据不完全统计,当时有十多首曲目被灌成唱片,风靡一时。其中,"金嗓子"周璇演唱的歌曲——《凤阳花鼓》唱遍神州大地。

正是由于凤阳花鼓的广泛流传,极大地提高了凤阳民歌的知名度,使这一凤阳地区的民间艺术蜚声海内外。凤阳民歌曾流传至日本、马来西亚等国,影响越来越大,以致许多人都把凤阳花鼓视为凤阳民歌。其实,凤阳花鼓只是一种演唱形式,在表演者的演唱中作为道具起着击打节奏的作用,表演者演唱的曲目还是凤阳民歌。这二者既为一体又有区别。

三、凤阳民歌的表现形式

凤阳民歌的音浪曾在凤阳地区和沿淮两岸上空回荡了几百年。新中国成立前,在春节期间有一些集镇和较大的村庄,总有一些爱好者和老玩友,自行相聚、自编、自导、自演、自我娱乐。但是从未见女子参加演出,演女角色的,都是男扮女装,身着彩色女服,用彩色绸带,凑簇成大花球,冠顶在头上,脸上简单地涂一些胭脂粉,配合打击乐器,在广场、平地进行演唱。根据歌词内容,有的是独唱,有的是男女对唱。只要锣鼓等打击乐器一响,就会招来很多观众,有时观众听到热潮处,就会高声喝彩,掌声不断,是群众喜闻乐见的文艺形式。

凤阳民歌是中国民族文化遗产百花园中的一束芬芳的奇葩。凤阳民歌唱腔独特、音域宽广、音韵纯朴、浑厚、高亢、抑扬跌宕,婉转动听,基调韵味和凤阳花鼓戏味调是一个母体。歌词内容比较丰富,以反映青年男女爱情和反封建的题材较多。歌词在创作手法上,比较浪漫,不拘一格,粗犷、诙谐,带着浓郁的乡土风味;歌词节奏严谨,读之铿锵入口,唱之韵律感很强。有的歌词意味深长,读后趣味横生,久久不能忘却,有很大的艺术感染力。

四、凤阳民歌的价值

凤阳民歌作为中国民歌的一部分,和大多数民歌的发展也极为相似,以口头传唱为早期的方式传播于安徽凤阳境内,也受到了本土文化的熏染,渐而在我国大部分地区及东南亚一带广为流传。由于凤阳民歌极大的传播范围,它也影响了我国一批曲种的腔调,同时也极具社会价值和艺术价值,能更好地帮助史学家了解安徽凤阳过去的文化。

凤阳民歌除娱民的功能外,在我国不同的历史时期对时政有着重大的影响。抗日战争时期,安娥编词、任光作曲、黎莉莉演唱的《新凤阳歌》传唱一时。1949年前后,凤阳人民创作了大量的为时政服务的新民歌,如《五骂蒋介石》《土改号子》《送郎参军》《五更治淮》等曲目,起到很大的宣传鼓动作用。

凤阳民歌具有重要的历史价值和艺术价值,它以生动朴实的形式内容反映了不同时期人民群众的生活情境、理想和追求,表达了不同历史时期社会大众日常生活中的喜怒哀乐和对美好生活的向往,成为活态的珍贵音乐史资料。

第三章 传统舞蹈

凤阳花鼓

凤阳花鼓又称花鼓、打花鼓、花鼓小锣、双条鼓等。其是一种集曲艺和歌舞为一体的传统民间表演艺术,但以曲艺形态的说唱表演最为重要和著名,一般认为形成于明代。

一、从凤阳歌到凤阳花鼓

凤阳歌不仅包括演唱"说凤阳,道凤阳,凤阳本是好地方……"这个唱词的民歌和凤阳花鼓艺人手持双条鼓伴奏所演唱的民歌,实际上明清时期凤阳府所流行的民歌都属于其范畴。

凤阳自古一直被称作钟离。明洪武初年,朱元璋在家乡建都,将原来的名字钟离改为凤阳,这个吉祥、喜庆的名字寓意让家乡的父老乡亲能够过上安居乐业的幸福生活,期望社会呈现一派和谐之态。

自正统年间起,瘟疫、水灾、旱灾等各种自然灾害在凤阳和周边地区时有发生,自然灾害所带来的直接后果就是饥荒，而饥荒使得民众大规模地逃亡到外地。凤阳民众在逃亡过程中敲着锣鼓，唱着凤阳歌，在沿途各乡镇乞讨；或沿门、或于广场演唱，也由于灾民的传播和演唱简便，凤阳歌很快盛行于南北。

此后，凤阳歌就变成了凤阳人在逃亡之路上乞食谋生的手段。为了生存，以凤阳人民为主体组成的一支逃亡大军，在我国大江南北流浪乞食，用他们的血泪创造出了凤阳花鼓。

二、凤阳花鼓的起源

凤阳是明朝开国皇帝朱元璋的故乡，是安徽省一个普普通通的县。但这里却有几样东西很出名，其中之一就是凤阳人的绝活——凤阳花鼓。关于凤阳花鼓的起源有不同的说法，大体有以下三种观点：

1. 清代学者佟赋敏所著的《新旧戏曲之研究》一书中提到：清雍正时救济泗州水患，注全力于高家堰，而淮水大患，袭击凤阳，人民流难，以唱花鼓为生，流转于城市。有人据此提出凤阳花鼓起源于清代雍正时期，其原因是淮河水患所致。但这段文字只说明了凤阳花鼓艺人外出卖艺的原因，并未直言凤阳花鼓产生的原因。

2. 明朝建立之初，人口减损十分厉害，以致十室九空。朱元璋要想定都凤阳，没有人万万不行。于是他下令从全国各地迁移人口到凤阳居住，山东、山西、河北、贵州，尤其是江浙沪一带，更是迁移了大量的富民，以实凤阳。朱元璋为此出台了严格的法律，严禁移民逃回原籍。移民们在凤阳的生活苦不堪言，总想逃回故里。有些人就趁着冬天农闲时携带花鼓作掩护，以逃回原籍省亲，时间久了以致形成风俗。

3. 《乡纪略》说："泗州……插秧之时，远乡男女，击鼓互歌，颇为混俗。"这种击鼓互歌的秧歌，当是最初期的凤阳花鼓。这种说法认为凤阳花鼓起源于当地的秧歌，揭示了凤阳花鼓的真正起源。

三、凤阳花鼓的内涵

凤阳花鼓是以地名加乐器名共同命名的，具体含义可以从以下三个方面理解：

1. 凤阳：凤阳花鼓中的凤阳当指大凤阳，即凤阳府，而非小凤阳，即凤阳县。说起大凤阳则要提到临濠府。洪武四年（1371年）二月，大凤阳仍称临濠府，辖9州18县。洪武六年（1373年）九月，改临濠府为中立府。洪武七年（1374年）八月，改中立府为凤阳府，析临淮县的太平、清洛、广德、永丰四个乡置凤阳县，凤阳之名诞生。凤阳府面积最大时达到12州28县。到了洪武二十二年（1389年），凤阳府辖4州14县，4州即泗州、宿州、寿州、颍州，14县即临淮、凤阳、定远、怀远、五河、虹县、盱眙、天长、灵璧、蒙城、霍邱、颍上、太和、亳县。

2. 花：凤阳花鼓中花的含义也有三种说法。一是指鼓框上绘以花饰，这是较流行的说法；二是指鼓条顶端扎上花绒；三是指演奏凤阳花鼓的艺人为女子，古人喻女子为花。

3. 鼓：凤阳花鼓中的鼓有两种，一种是腰鼓式样的，另一种类似所谓"蚌札"。花鼓的鼓在民间集体文娱的秧歌阶段是声报四野的大牛皮鼓。到过江逃荒时，一方面不可能再有大规模的集体表演，另一方面也无法带硕大无朋的鼓行动，只能另外用小型的鼓，即现在是小花鼓。

四、凤阳花鼓的现状与展望

目前，能唱原生态凤阳花鼓的仅张传英一人，其正濒临失传。近年来，凤阳花鼓更是受到了市场经济大潮的冲击，传承断层。原生态的凤阳花鼓蕴涵的丰富的艺术资源远没有被挖掘出来，这份珍贵的民间艺术遗产，需要保护。

凤阳花鼓目前内容相对单一，风格相对固定，这不利于开发参与者的创造性思维。所以要提高开发者对内容和形式的创编能力，发展参与者自编、自导、自演的能力。凤阳花鼓必须在传承的基础上发展，以传承弘扬传统的凤阳花鼓艺术为主，不排除对其他艺术门类的吸收借鉴，特别是对现在的年轻人来说，必须增强其观赏性。

凤阳花鼓是门古老的民间艺术，自新中国成立以来，党和人民政府一直很重视它的生存和发展。半个世纪以来，经过文化部门及文化专业人员的努力，凤阳花鼓在表演形式和演唱内容方面都有了很大的改进。在表演形式上，已由一锣一鼓少数人演唱的曲艺，变为数人或几十人的群歌群舞，增强了艺术表现力。过去，凤阳花鼓演唱的是流行在当地的凤阳民歌，有些内容低俗浅陋；现在，通过专业文化工作者和业余文艺爱好者的辛勤劳动，创作出大量的新歌曲。这些新的文艺曲目，内容贴近时代、贴近群众、贴近现代生活，受到群众的极大欢迎。

凤阳花鼓为经济建设起到了十分重要的作用，受到领导和各方人士的重视与青睐，也为其以后的发展前程奠定了良好的基础。

火老虎

火老虎是流传于安徽省凤台境内的一种传统民俗舞蹈形式，其最大的一个特点就是"火"字。其表演者多着紧身厚衣服，然后再系上扎制的虎皮，特别是在表演结束时，表演者要跳入水塘，一是表示老虎被狮子打败，二是为了扑灭身上的火。因此一般表演者需忍耐烟熏火烤，同时还要具有抵御寒冬腊月冰水寒冷的能力。

一、火老虎的形成渊源

一提到火老虎，我们可能会生出一种畏惧，会联想到瞬间夺人性命的火灾。但是火老虎实际上是安徽凤台的一个非物质文化遗产。火老虎的形成，来源于五代十国的一个传说：后周与南唐争夺淮南，激战寿春（今寿县），这次战争在凤台人民群众中留下许多传说，其中就有后周将领赵匡胤率领数万精兵攻打寿春，使南唐将领余洪被迫逃到八公山筑笼冲，后周名将刘金定率领精兵追赶，并放火烧山，八公山上和淮河岸边芦苇着火，林中老虎被烧起火，急跑下山。火老虎就是根据这个历史事件和传说衍生而来。

火老虎在制作上，采取夸张和写意的手法。表演角色有老虎、狮、土地神、领狮者。通过老虎的扑、剪、扫等动作与狮子打斗，加上音乐烘托，场面激烈，惊心动魄，扣人心弦。

火老虎的形成，反映了淮河流域劳动人民吃苦耐劳的精神品质，只有受过专门训练的人才可以表演。这一传统民间艺术，反映了凤台历史背景，人文景观，对研究淮河中段历史文化、社会生活都具有重要意义。

二、火老虎道具制作

火老虎道具制作工艺复杂，材料独特，需要几个内行的人，用上1~2周方能做成，一个环节疏忽，便达不到应有的效果。

首先要自种一种火麻，待火麻成熟后采收。不能用传统的方法扔到水里泡制，而是需立即把采回没剥皮的鲜生麻连同麻秆一起加工。加工时用木锤慢慢地把一棵棵生麻反复砸成糊状，麻秆糊溶入麻丝中，不等生麻糊全干，便手工反方向搓成麻绳晒干备用。晒干后的麻绳中含有大量的麻秆碎沫，点着后不会产生明火，有很强的自燃性，燃烧时麻自身的弹性加上表演者的抖动，把燃烧的麻秆沫喷向四方，便产生火花四溅的效果。

麻绳制作完毕后，开始制作木板。火老虎表演者身上须缚11块木板，背上3块，双臂4块，双腿4块。每块板上按梅花状钻约50个眼，每个眼里钉入一段约10厘米长的特制麻绳。木板厚约1厘米，根据表演者身材定木板大小，一般选用泡桐树作为制作木板的材料：一是相对轻巧；二是泡桐木料有俗称吃火的功能，不会因起明火而烧伤表演者。制作完毕后，把木板用绳连在一起，像马甲一样穿到表演者身上。虎头一般用麻秆扎成鸟笼状，麻秆上系满麻绳，再用一棵长4米左右、直径2~3厘米的树苗做成虎尾。虎尾上同样扎满特制麻绳，最后用两根木棒做成虎腿，系满麻绳，握在手中即可。这样火老虎的骨架就制作完毕了。为了好看，还要对骨架进行装饰，做上可张可合的虎嘴，着上虎色，等等。

三、火老虎的表演特点

火老虎的表演一般在晚上，表演前需用浸满水的外衣穿到表演者身上防止烧伤，才可穿上道具。表演时需十几个人拿着蜡烛，同时迅速地把表演者身上600多段特制麻绳全部点烧方可表演。每次演出时间30分钟左右。

火老虎的压轴戏便是"虎狮"斗，两只"狮子"先上场表演走"四门"，"狮子"走完"四门"后，卧在场中做休息状。随后火老虎上场走"四门"，走完"四门"后发现"狮子"，火老虎便一声咆哮，抖动四肢，亮翅欲攻击，"狮子"也一声大吼，亮翅应战，于是火虎雄狮对攻战上演。表演过程中，随着火老虎演出者的抖动，以及握在手中的两条火虎腿做瘙痒、打斗等动作，形成火老虎全身火花四溅，加上4米长的火尾巴来回横扫，带动的火花及蹿蹦跳跃的打斗场面，形成直径十几米的火花狂舞，造成非常壮观的视觉效果，因此群众非常喜爱观看。

四、火老虎的传承现状

随着市场经济对择业观的冲击,年轻人认为表演火老虎没啥实惠,或经商、或打工,大都不愿继承火老虎这门艺术,因此也不会制作和表演。这种独特且独有的艺术即将面临失传危险。

火老虎表演体现着淮河流域民众吃苦耐劳的精神品格和坚定乐观的生活信念,具有民俗学等方面的研究价值。目前,这一独特的民间艺术样式已陷入发展困境,面临生存危机,急需保护传承。

十兽灯

十兽灯是安徽南陵的地方民俗舞蹈,始创于清代道光年间,距今已有180余年。十兽灯的形成,主要受龙、马灯的影响,通过口传心授并不断地完善,自成体系。

一、十兽灯的起源

十兽灯的名称来源于《封神榜》中的神兽。十兽灯以古朴雄浑、怪异清新、意境深远、栩栩如生、雅俗共赏的艺术魅力为当地群众所喜爱。

十兽灯生动的艺术构思,巧妙的绑扎和精致的编织,浓厚的乡土气息和独具匠心的工艺风格,充分体现了民间艺人高超的竹制品制作水平。十兽灯蕴含着丰富的文化内涵,被誉为原始舞蹈的图腾和活化石。它集脸谱艺术、戏剧艺术、民间剪纸艺术、绘画艺术和神话传说于一体,玩的是灯,演的是舞,妆的是戏,讲的是礼,唱的是歌。十兽灯历经百余年的传承和发展,从扎制、彩绘、表演至今仍是口传心授,具有很高的工艺价值和文化价值。其颂扬真、善、美,鞭笞假、恶、丑,蕴含着丰富的文化内涵。

十兽灯以地方戏剧服装、头饰、道具及戏剧人物脸谱为基调,以神话传说中的十兽为蓝本,以民间歌舞为依据,脸谱化妆独到,十兽灯具怪异,歌舞独特,在安徽及至全国民间灯会中极为少见。

二、十兽灯的表演形式

十兽骑手一般都是青少年,演不同的戏本,骑手化不同的脸谱,着不同的戏装。如演《三国演义》,赵子龙骑麒麟、周瑜骑独角兽、曹操骑四不像、诸葛亮骑白象、刘备骑龙、吕布骑青狮、关羽骑黑虎等。不论演什么戏,只是变换脸谱和服装及人物使用的兵器,十兽所象征的意义不会变:如麒麟象征祥瑞,独角兽表示正直,四不像表示雄心,白象表示温顺,青狮表示忠厚,龙表示强悍,黑虎表示仁义等。

玩灯表演时,先由彩云开场,十兽骑手鱼贯而入,其他扮演"桃园三结义""过五关""文王访贤""八仙过海"里人物的演员紧跟其后,走"长水浪""满堂红""满天星"等阵势,杂以"渔夫捕蚌""三丑会"等舞蹈。

十兽灯演出前后,还有一套祭祀仪式。例如十兽灯具制作完成后,要在爆竹和鼓乐声中举行隆重的点光和祭祀仪式。据说只有点光和祭祀以后,天地之间的神灵才能真正灵验,才能有降魔驱邪的法力。因为表演期间十兽神灵附身在骑手身上,所以演员不能随便说话,不能回家,吃饭也要派专人送来。整个十兽灯演出活动结束称为熄灯。熄灯时间一般在晚上,全体参与演出的人都要磕头致谢,由点光师傅作十兽闭眼休眠处理,寓意十兽真身归天。

三、十兽灯的表演内容

十兽灯表演时分天上与人间两个部分。十名骑手,配以八仙舞云,名曰天上;"旱船""三丑会""翁捕蚌精"名曰人间。只见天上八仙持云与十兽骑手绕场翩翩起舞,云与兽时合时分,合时云兽相伴,但互不碰撞。其舞姿矫健,令人目不暇接。分时云行八字套路,还不时让云朵排列"天下太平"等字样。十兽行兵分两路,逐一亮相于观众。等舞完"满堂彩""套环""剪刀形""对马""满天星"等阵形后,再由人间"点大麦"和"翁捕蚌精"登场表演。"点大麦"和"翁捕蚌精"是两个喜剧故事,富有生活气息,诙谐风趣。

十兽灯是依据《封神榜》里的青狮、白象、麒麟、黑虎、龙、犰、旱獭、独角兽、四不像等十个神兽形象,请蔑扎师傅用当地盛产的毛竹、水竹削成篾片,编织成十个兽形骨架,用铁丝、皮纸捻绳绑扎加固成兽形竹坯。每个兽形竹坯分为头、尾两部分骨架(骑手位于中间,兽头、兽尾分别固定在骑手前后腰部),上面糊裱宣纸,再将彩纸剪成毛须、鳞片糊裱于宣纸上,最后着色抹彩,绘成各种想像中的神兽。表演时所有人物没有唱词,只跟着锣鼓和唢呐的曲调节奏进行舞蹈。在鞭炮、唢呐、锣鼓声中,十兽骑手绕场起舞,玩出兽兽相亲、跑兽穿花、云翻十字等套路,直到整场表演结束。

花鼓灯

花鼓灯是我国淮河流域，特别是蚌埠、淮南一带农村十分盛行的歌舞形式。相传，最早的花鼓灯只是跑跑队形，做几个简单的动作，扭两下身段。到了后来，淮河的水灾消退，庄稼丰收，人们便开始大闹花鼓灯。于是花鼓灯从自娱性向表演性方向发展，丰富了舞蹈动作和表现力。

一、花鼓灯的历史

追溯花鼓灯的历史，最早起源于宋代。如果把可考的文字记载（清代的《凤台县志》，记载花鼓灯源于宋代）、传说与直观所能观测到的历时性与共时性的花鼓灯现象进行比较分析，不难发现花鼓灯具有宋代舞蹈文化的印迹。仔细观察花鼓灯的原始风貌，能较明显地体察出花鼓灯所反映出的宋代历史文化基因。比起许多原始功能遗存十分明显的舞种，花鼓灯更具技艺性、表演性和艺人职业化的特点；而比起某些更具市井文化气息的民间歌舞，它又具有很强的民俗性和群众自娱性。花鼓灯兴盛于明代，盛行于清末民初。花鼓灯的舞蹈是艺人们长期深入观察生活，运用"比、兴"的手法，充分表现自身思想感情的舞蹈语言。如从鸟儿在枝头喃喃细语的形象中创作出的"凤凰三点头"，有感于春风杨柳而创作的"凤摆柳"等，都是从生活现象中提取并升华成为优美的舞蹈动作。

二、花鼓灯的演出特点

舞蹈是花鼓灯的主要构成部分,舞蹈包括大花场、小花场和盘鼓。大花场是集体表演的情绪舞;小花场是鼓架子和腊花的双人或三人即兴表演的有人物、情节的小舞剧,是花鼓灯舞蹈的核心部分;盘鼓则是舞蹈、武术、技巧表演相结合又具有造型艺术特征的表演。

歌唱部分统称灯歌,多在大花场、小花场中间由鼓架子和腊花对唱或独唱,可长可短,即兴性强。

锣鼓是花鼓灯中极为重要的组成部分,包括场面锣鼓和灯场锣鼓,具有情绪热烈奔放、节奏形式多变、明快紧凑、感染力强等特点。场面锣鼓可独立存在,单独演奏;而灯场锣鼓则与花鼓灯的舞蹈和小戏表演融为一体,起伴奏和渲染情绪的作用。

大花场人数一般为单数,有七人、九人、十一人等,第一人为伞把子,其余鼓架子、腊花各占一半。表演时,伞把子舞罢,奔至上场门,高喝一声"唉",引出群舞演员。多个腊花各自站在鼓架子肩上,手中翻动着扇花、手绢花,或做各种造型姿态,在狂欢般的锣鼓声中鱼贯而出。

演出中,伞把子一把岔伞指挥全局,鼓架子和腊花转换各种图形,表演热烈、奔放的集体舞蹈,并穿插各人擅长的扭、跳、翻、跌等一系列高难度技巧。演到激烈处,众鼓架子伴着锣鼓点节奏,常常吹起高亢悦耳的口哨。传统的大花场队形,先跳走四门,再跳其他图形,有"五朵梅""蛇脱壳""两堵墙"等20余种。大花场舞罢,全体演员在伞把子带领下跳出场。

小花场主要表现男女相互爱悦、嬉戏逗趣的情景。小花场也有文武之分,文场以唱为主,舞次之;武场以舞蹈、筋斗、技巧表演为主,唱次之。小花场的歌唱以腊花为主,鼓架子帮腔、陪衬,内容多是即兴编唱。演出中,一般是先舞一段,演员招手示意煞住锣鼓,二人站在场中唱，结束后再起舞。在怀远县还流传一种双花场，为两个腊花和一个鼓架子的三人舞。其中，有"二女争夫"的情节，有戏剧矛盾，表演起来跌宕起伏，引人入胜。

盘鼓主要包括地盘鼓、中盘鼓和上盘鼓。地盘鼓为地面上的双人技巧表演。中盘鼓一种是腊花站在鼓架子腿上，做"射雁""斜塔"等各种造型姿态；另一种是双人配合的跟头技巧，如"过山"等。上盘鼓是腊花站在鼓架子肩上，做出各种造型姿态，如"坐肩""鸭子凫水"等；还有三人以上的造型，如"老鹰叼小鸡""双挎篮"，等等。

花鼓灯主要唱调有慢超牛、淮调和卫调等十余种，曲调抒情、缓慢，而舞蹈则节奏强烈、急速，因而歌的时候不舞，舞的时候不歌。灯歌唱词的基本句子形式为五句一唱段，最常见的是铺陈、对比、问答和重叠；灯歌曲调跳跃多，演出现四度、五度、六度或七度音程，并使用滑音进行修饰。较流行的曲子有《伞把子调》《小鼓架子调》《孟姜女》等。

花鼓灯锣鼓班子至少要有7人组成，使用的乐器以花鼓、大锣、大钹为主，配以小锣、小钹、脆锣。花鼓灯锣鼓音乐的节奏多变、欢快高亢，演奏一气呵成。鼓的演奏技巧变化丰富，跌宕起伏，忽而用重击、轻打，忽而用"压锤""捣锤"，突然又打响鼓边，充分调动音响、音色效果，造成声音效果上的差别，有效地发挥锣鼓音乐的特点。

三、花鼓灯的传承意义

花鼓灯生动地记录了汉族人民文化发展的轨迹和肢体语言符号。花鼓灯舞蹈动作难度大，而且常处于多变状态。其表演的激烈复杂，表情达意的准确、细腻程度，迄今为止，尚无其他任何一种民族民间歌舞能与之相比。花鼓灯锣鼓具有鲜明的特征，与舞蹈相配具有很高的复杂度。在原生态的花鼓灯套路中，灯歌与舞蹈交替出现，也构成了花鼓灯的一大特色。

花鼓灯步伐显要动作的时间差大，其动作与动作相衔接时的瞬间舞姿也随之复杂多变。从而使花鼓灯与其他民族民间舞蹈表达群体的情感不同，不仅可以表达人物多种复杂的思想和情感，而且可以细腻地表现出各种情感的不同程度和不同强度的差别，能够系统、完整地刻画和表现出复杂的人物和情节，标志着中国汉族民间舞蹈在人类民族民间舞蹈史上达到的高度。

　　花鼓灯是汉族民间歌舞艺术的活化石，深入研究花鼓灯产生的历史背景、文化渊源、文化生态、审美情趣、艺术和技术特点等，对研究中国汉民族民间舞蹈以及汉民族戏曲特别是淮河流域的地方戏曲艺术具有重大价值。

　　花鼓灯艺术是淮河流域一些艺术品种的根脉，淮剧、淮北花鼓戏、泗州戏、凤阳花鼓等都是由花鼓灯衍生而来的。凤台花鼓灯影响和丰富了淮河以北的民间舞蹈和民间艺术。如今原生态的凤台花鼓灯已濒临消亡，急需有效保护和全力抢救。

　　近百年来，颍上花鼓灯经过不断改革、创新，在艺术形式上有了进一步发展，逐步形成了独特的艺术风格。唐佩金、黄西城、王传仙、曹树芝等杰出艺人为花鼓灯的传承和发展做出了重要贡献。颍上花鼓灯来源于生活，创造在民间，主要歌唱政通人和、国泰民安、风调雨顺、人寿年丰的太平盛世，展现了淮河儿女的礼仪风情和自强不息的民族精神；热情、奔放、优美、细腻，充分体现了汉民族民间歌舞拙朴、原始的特点和风貌。

傩舞

盛行于祁门县芦溪乡的傩舞是中国远古时腊月里驱鬼逐疫的一种祭仪，每年在正月里开展演出，是本地以驱邪扶正、祭祀祖先、祈福求安、祝祷丰收为目的的一种历史悠久、表演形式独特的活动。

一、傩舞的起源

傩舞源于原始巫舞。人们戴着面具，把自己装扮成比臆想中的鬼疫更凶猛狰狞的傩神，跳着凶猛、狂热的舞蹈来驱邪。在徽州汉代时就有方相舞和十二神舞的名称。后来傩逐步向娱人悦众方面演变，加强了其娱乐成分，内涵也大为丰富，出现了表现劳动生活与民间传说故事方面的节目，发展成为傩事。

傩舞亦称鬼舞、舞鬼。在远古时期，祁门地区交通不便，生活水平极为低下，徽州原住土著山越人对各种自然现象和身边所发生的种种事物缺少正确的认识，人们要战胜妖魔鬼怪，只好借助神的威力与妖魔疫鬼进行斗争，乞求神灵的庇护和保佑。基于人们对万物有灵的观念，从而产生了一种驱鬼逐疫、迎神纳吉为目的的原始祭祀活动——傩。祁门傩活动历史上一直很普及，明清更为盛行。当时每年立春前的一天，祁门县县令要率领下属到城东郊占卜水旱，老百姓则扮戏相从，立春日则祭祀太岁行傩。其他县也是如此。如果说春祀傩仪尚带有古傩驱鬼逐疫意义的话，在民间迎神赛会中出现的傩，则纯粹是一种娱乐了。祁门县社景六月十二至十四日举行游太阳神赛纪念"八灵王"的游行活动，人们在队伍中边歌边舞，即为傩舞。

祁门傩舞形象地凝聚着傩文化所体现的宗教意识、民俗意识和审美意识。透过弥漫着宗教色彩的傩窗口，从中可以窥视到我国多民族不同历史阶段的文化风貌、民风民俗，是一种不可再生的民族文化遗产。

二、傩舞的表演风格

由于傩舞流传地区不同，其表演风格也各异，既有场面变化复杂、表演细致严谨、生活气息浓厚、舞姿优美动人的文傩流派，又有气势威武磅礴、情绪奔放开朗、节奏热烈明快、动作刚劲有力的武傩流派。傩舞表演时，一般都佩戴某个角色的面具，其中有神话形象，也有世俗人物和历史名人，由此构成庞大的傩神谱系，"摘下面具是人，戴上面具是神。"傩舞伴奏乐器简单，一般为鼓、锣等打击乐。表演傩仪、傩舞的组织称为傩班，成员一般少则8人，多则十余人，常有严格的班规。傩舞常在傩仪仪式的高潮和节目表演阶段出现，各地的傩舞节目丰富，兼具祭祀和娱乐的双重功效。

傩是一种历史悠久、内容丰富的民间艺术，保存着许多古老的风俗，是进行人类学、宗教学、文学、历史学等学科研究的活化石。傩非神非鬼，却有神的庄重肃穆，鬼的怪诞离奇，它是舞，是戏，是民俗，是土生土长、源远流长的乡间文化。

三、傩舞的表演形式

祁门傩舞活动历史上一直很普及，明清更为盛行。祁门很早就有傩仆的制度，大户人家养着傩戏班，每逢庙会、祭祀、送灶、秋醮、迎春，均有傩戏傩舞演出。表演时，舞者头戴木刻面具，身穿蟒袍，手执干戚等兵器，随着强节奏的鼓点和伴奏，表演神话、驱鬼、民间传说故事等,用凶猛、狂热的舞蹈来驱邪。

祁门傩舞形式多样,南路的平安舞、东乡的游太阳以及西乡的跑五猖等,都是傩舞的不同表演形式。祁门的傩舞表演,尤以芦溪的远近闻名,当地称地戏,有魁星、将军、土地、两伊、四相等面具。祁门傩舞的表演形式是边走边舞,沿村表演,以其质朴、粗犷的舞蹈动作和性格鲜明的面具刻划,展现古代舞蹈和雕塑艺术的原始美。每年的正月初二,先行请神仪式,然后表演傩舞,节目有"先锋开路""土地杀将军""刘海戏金蟾"等。初三至初六,到本村许平安愿的人家表演,各家以木盘盛米酬神,演毕,由舞者将米倒入布袋带走。

祁门傩舞从唐朝开始到现在已传承了千年,被誉为"中国舞蹈戏剧活化石",2012年曾赴上海参加中美文化交流展演。随着当地非物质文化遗产保护力度的加大,祁门傩舞作为地方特色越来越广为认知,现如今来祁门参观、探秘的年轻人、文化人、媒体人、游客也与日俱增。

傩舞与其他舞蹈戏曲不同,具有自己独特的特征:戴面具是傩舞的特征之一,古傩面具有后羿、魁星、李斯、夜叉、小鬼、老鼠精等60多种彩绘木雕面具,采用浅浮雕与镂刻相结合,不仅造型古朴夸张,刻划的形象神气也咄咄逼人。木雕的面具刀法朴实、风格粗犷,舞者戴上后不怒自威,非常独特。在传承等特点上傩舞还具有"傩仆"制特点,即大户人家养着"傩戏班",傩舞的表演者均为当地小户农民,富家大户、书香门第从不参与演跳。每逢庙会、祭祀、送灶、秋酷、迎春,均由傩戏班演出傩舞。表演形式的多样性也是祁门傩舞的另一个特点,戴面具是南路"平安舞"的特点,但"游太阳"舞不戴面具,表演形式是以大众组合而成,边走边舞,沿村行走。傩舞有独舞、双人舞、群舞,具有夸张、粗犷、朴实、简练的风格,具体有两种形式:一种是祭祀队伍串村走田埂来到田间路边,旗分二路,中间表演,随鼓声响起,由观音菩萨(白色面具)引导(手敲木鱼,挥动须杖)排成纵队(表示福禄寿喜各路神仙降至人间,驱除妖魔鬼怪,保丰收),后变化成一字型,阻挡鬼怪,驱邪镇魔,并不断击鼓,喊声震天,反复数次。另一种是由观音引路,按顺序福禄寿喜各神在先,百家伞、乐队、竖旗、三角旗其后,边走边喊,绕田埂而行,所走过的田块都能天降雨露,五谷丰收。活动时喊声阵阵,锣鼓喧天,彩旗飘动,鞭炮齐鸣,场面极为壮观。

第四章 传统戏剧

黄梅戏

黄梅戏与京剧、越剧、评剧、豫剧并称中国五大戏曲剧种，也是安徽省的主要地方戏曲剧种，湖北、江西、福建、浙江、江苏等地亦有黄梅戏的专业或业余的演出团体，受到广泛的欢迎。

黄梅戏唱腔淳朴流畅，以明快抒情见长，具有丰富的表现力，表演质朴细致，以真实活泼著称。一曲《天仙配》让黄梅戏流行于大江南北，在海外亦有较高的声誉。

一、黄梅戏的发源

黄梅戏发源于湖北黄梅，发展于安徽安庆，尤其是20世纪50年代，安徽省黄梅戏剧团将黄梅传统剧目《董永卖身》改编成《天仙配》搬上银幕后，黄梅戏享誉海内外。1920年的安徽《宿松县志》上记载有"邑境西南，与黄梅接壤，梅俗好演采茶小戏，亦称黄梅戏"。《中国戏曲曲艺词典》黄梅戏条目为："黄梅戏，戏曲剧种。旧称黄梅调。流行于安徽及江西、湖北部分地区，源于湖北黄梅一带的采茶歌。"1959年，由安徽省文化局编、安徽人民出版社出版的《安徽戏曲选集》序中写道："黄梅戏源于湖北黄梅县的采茶歌，清道光以后流入安庆地区。"中国戏曲史家、戏曲理论家周贻白在《中国戏曲史发展纲要》中也说："黄梅戏，源自湖北黄梅县采茶戏。"

黄梅自古人杰地灵，文化底蕴深厚。黄梅之所以能形成一种地方性戏曲，除其原生基础外，还因为有许多善于编戏文、配曲谱的文人雅士，瞿九思就是其中一位。他将黄梅民间流传的各类民歌搜集起来，编成了一部歌集，此歌集成为后来改编的黄梅戏剧本的原始底本。

清代末期，黄梅调与安庆市怀宁县等地区民间艺术相结合，并用安庆方言歌唱和念白，逐渐发展为一个新的戏曲剧种，当时称为怀腔或皖剧，这就是早期的黄梅戏。其后黄梅戏又借鉴吸收了青阳腔和徽剧的音乐、表演和剧目，开始演出本戏。后以安庆为中心，经过100多年的发展，黄梅戏成为安徽省著名的地方戏曲剧种和中国五大戏曲剧种之一，影响十分深远。

二、黄梅戏的当下发展

赋有中国乡村音乐之称的黄梅戏，经过一代代人的传唱和发展，已经由一个名不见经传的民间小戏跨升为全国五大剧种之一。戏曲的形成需要一个较长的时间和过程，黄梅戏也不例外。

黄梅戏最早产生于湖北黄梅县与安徽交界处，后来逐渐东移到与湖北黄梅毗邻的安徽。当时的社会氛围，为黄梅调备足了地气和养料，使湖北的黄梅调一到安徽便如鱼得水，左右逢源，得以迅速发展成一个新兴的地方戏曲剧种。1935年黄梅戏首闯上海滩，是其发展史上重要的事件。这次演出使黄梅戏出现在全国的文化视野中，加速此剧种专业化、正规化、个性化建设，并受到越剧、扬剧、淮剧和评剧的影响，在演出的内容与形式上都有了很大变化。中华人民共和国成立后不久，毛泽东主席便提出了"百花齐放、百家争鸣"的文化方针，至此黄梅戏迎来了春天。

在当下社会，社会节奏太快，竞争太过激烈，想给下一代带来好的生活，就必须努力去挣钱。这就导致年轻人不愿从事这个行业，该领域人才稀缺。此外，一出好的戏剧的创作，不光需要好的演员，还需要优秀的编剧、导演等。可不论是演员还是编剧，又有几个人能在戏剧中投入一生呢？艺术需要传承者花费大量的心血，不断地磨炼，在喧闹的时代里，有几个人能抛去繁华，投入到艺术的世界里呢？放眼当下，专业剧团减少，活跃在舞台上的人少了，可在博物馆、研究所里的研究展览却多了。黄梅戏由台前走到幕后，看似传播范围更广泛，可台上表演者的减少，从侧面反映了人才的缺少，情况不容乐观。

三、黄梅戏的艺术特色

黄梅戏以抒情见长，韵味丰富、优美、动听。其唱腔如行云流水，委婉清新、细腻动人，具有浓郁的乡土气息，且通俗易懂，易于普及，深受各地人民群众的喜爱。黄梅戏唱腔属板式变化体，有花腔、彩腔、主调三大腔系。花腔以演小戏为主，其曲调健康、朴实、明快、优美，表演形式活泼欢快，具有浓厚的生活气息和民歌小调色彩。彩腔也称打彩调，是黄梅戏班社职业化后，因常被演员用来向观众讨彩而得名。其曲调欢快、流畅，在花腔小戏中曾广泛使用。主调又称正腔，系黄梅戏中传统正本大戏里常用的唱腔，有平词、火攻、二行、三行等。其中平词是正本戏中最主要的唱腔，曲调严肃庄重、优美大方，常用于大段叙述、抒情，听起来委婉悠扬。

在音乐伴奏上，黄梅戏早期演出为"三打七唱"，即由三人演奏打击乐器并参加帮腔。乐器分工是：堂鼓一人兼奏竹根节和钹，坐草台正中；小锣一人，坐上场门外内侧；大锣（又名筛金）一人，站在上场门外外侧。到20世纪30年代，伴奏除打击乐器外，又尝试用京胡托腔，后来还有人试用高胡和二胡伴奏。直到中华人民共和国成立初期，由高胡作为主奏乐器的形式才被逐渐固定下来。

黄梅戏花腔多用衬词，如"呼舍""喂却"之类，其剧目有《夫妻观灯》《蓝桥会》《打猪草》等。现代黄梅戏在音乐方面增强了平词类唱腔的表现力，常用于大段抒情、叙事，突破了某些花腔专戏专用的限制，吸收民歌和其他音乐成分，创造了与传统唱腔相协调的新腔。黄梅戏以高胡为主要伴奏乐器，加以其他民族乐器和锣鼓配合，适合于表现多种题材的剧目。

第四章　传统戏剧

　　黄梅戏是一个历史悠久的戏种，对它的保护发展不光对该戏剧本身有深远的影响，对于我国历史文化的发展也能起到至关重要的作用。

　　黄梅戏从农村走向城市，由地方戏迈进全国化，在漫长的岁月中，一次一次的蜕变，一次一次的升华。可是进入新世纪以后，随着社会的飞速发展，物质文化生活的丰富多彩，高科技产品影视、网络迅速发展，人们生活节奏的加快、艺术欣赏形式的多元化、各种文化娱乐形式层出不穷，黄梅戏已不再如往常那样光鲜亮丽。

二夹弦

　　二夹弦是中国传统戏曲剧种之一，主要流行于山东西部以及河南东部及北部，江苏北部，安徽省北部一带。因为它的伴奏乐器四胡（四弦胡琴）是每两根弦夹着一股马尾拉奏，因而其流行地的群众按照其方言习惯称它为二夹弦、大五音，与流行在黄河以北的聊城、德州、滨州地区的四根弦（也称一勾勾、河西柳、蛤蟆嗡）有密切的血缘关系。

一、二夹弦的历史

　　清末以来，二夹弦戏班就经常活跃在皖北大地上。1958年年底县委根据当地群众的建议，成立了亳县二夹弦剧团。《桑园会》《张文生赶考》《花厅会》三个二夹弦传统小戏应运而生，登上舞台。1959年10月亳县二夹弦剧团演出的《金龙盏》受到阜阳行署领导的高度赞扬，被誉为跃进剧团。1960年3月，二夹弦剧团因成绩卓著，又被评为省文化工作先进单位。1962年亳县二夹弦剧团的高中贤、王玉芹曾与山东定陶二夹弦剧团赴北京人民大会堂演出《二度梅》，受到刘少奇、陈毅等国家领导人的亲切接见。1963年山东定陶二夹弦剧团特邀高中贤、王玉芹、马璐等人再度赴北京景山公园演出《金龙盏》，受到了朱德等国家领导人的亲切接见，朱德、陈毅等老一辈领导人对演出给予了很高的评价。

据史料记载，二夹弦这一稀有剧种，距今已有200多年的历史。关于二夹弦的由来，有这样一个传奇故事：清朝嘉庆年间，山东濮州有一姓明的秀才虽然家境贫困，但他酷爱诗歌，精通韵律，一日他听到女儿纺花时哼唱的小调和弹纺棉花的声音交织在一起，美妙悦耳，十分动听，于是他把谱子记录下来，教女儿唱。因遭天旱，父女南下逃荒，沿途唱着他编的小调乞讨，每到一处村里人都很爱听。这就是最初的纺棉小调。后在"花鼓丁香""大五音"和"四股弦"的基础上，经过老一辈艺术家一代又一代的努力，才逐步形成了今天的二夹弦。

"撕绫罗，打茶盅，不如二夹弦哼一哼""二夹弦哼一哼，不穿棉袄能过冬"，"不吃不穿不过年，也要去听二夹弦"，这些来自广大人民群众的村言俚语，表达了对二夹弦这一剧种的喜爱和赞美，也充分证明了这一稀有剧种的珍贵价值。

二、二夹弦的特色

二夹弦戏班是家族式的子弟班，艺人们同病相怜，患难与共，合作很好。艺人多是一专多能，演员能演几个行当的角色，伴奏人员身兼多职。行当虽发展到六门十二行，但主要是小生、小旦的戏，红脸的戏也不少，小丑的重头戏不多，花面也不多，多由红脸兼唱。剧目多是表现男女爱情和宣扬伦理道德，且农村题材居多，乡土味很浓。二夹弦唱腔是在纺纱小调基础上发展起来的，它的曲调由黄河船歌、渤海沿岸的渔民号子、打夯号子及民歌小调等融合变化而成。在发展中又汲取了花鼓、梆子、琴书等民间歌舞、戏曲的音乐营养，经历代艺术创造逐步形成了自己的唱腔，既蕴藏着厚重的历史文化，又具有浓郁的时代气息和鲜明的地方特色。演唱技法上以大本嗓子吐字（唱词）假声拖腔，即句尾用鼻音和胸音的有机结合，模仿手工纺车音色的特殊效果，形成了真假声频繁交替的二夹弦声腔特色。而亳州二夹弦在新中国成立后向外学习中既吸收山东二夹弦清新柔美的旋律，又采取河南二夹弦高亢明快的节奏，渐渐形成了自己刚柔相济的特色。

三、二夹弦传统剧目

二夹弦经典传统剧目有所谓"老八本"（《头堂》《二堂》《休妻》《花墙》《大帘子》《二帘子》《花轿》《抱牌子》）之称。另有《站花墙》《梁祝下山》《安安送米》《吕蒙正赶斋》《小姑贤》《王定保借当》等90余出，多是反映民间的小戏；还有不少是从山东柳子戏、山东梆子等地方戏中移植过来的。这些剧目主要是比较流行的民间传说故事，如《大帘子》，即梁山伯与祝英台隔帘相会，《抱牌子》是何文秀私访；《织机》是秦雪梅吊孝的后半部。另外，还有相当数量的民间生活小戏，其中丑角戏占有一定的比重，如《七错》《打老道》《打棒槌》《打城隍》《打面缸》《打瞎子》《穷劝》《武大仁下工》《拴娃娃》等，幽默风趣，富有乡土气息和民间文学特色。

二夹弦的独有剧目有《王小过年》《打老道》《吃腊肉》《唐二卖杆草》《翻箱子》《穷劝》《富劝》《贾金莲拐马》等，从山东梆子移植过来的有《康府吊孝》《海潮珠》《王莽篡朝》《斩杨人》《背箱子》等。

随着市场经济的发展及众多原因的影响,全国仅有的几个二夹弦剧团都相继消失。2006年,二夹弦被列为安徽省首批非物质文化遗产名录。此次,被列为第二批国家级非物质文化遗产。今天的二夹弦,不再是一个剧种,可以说,她已经是亳州优秀民族传统文化精神的象征,是亳州人民的骄傲。

青阳腔

青阳腔是属于中国南戏的一个地方高腔剧种,因其形成于安徽省青阳县而得名,明朝时青阳隶属池州府,故又称池州调。青阳腔形成于(明)嘉靖(1522-1566)年间,万历(1573-1620)年时已盛行于安徽南部,并随着徽商的脚步流传至全国各地,成为"天下时尚"。现主要流布于安徽省青阳县和江西省湖口、都昌一带。

一、青阳腔的发展、衰落与拯救

图表1　青阳腔人物蜡像百花公主、窦娥、赵子龙

(一) 从南戏到四大声腔

我国戏曲形态的发展自古就有南北差异,至宋元时期,南有南戏,北有北杂剧。随着南宋王室的南迁,在温州一带诞生的南戏是中国戏曲发展史上最早成熟的戏曲形式,其主

要作品有《张协状元》《宦门子弟错立身》《小孙屠》《琵琶记》和著名的宋元四大南戏——《荆》《刘》《拜》《杀》（即《荆钗记》《白兔记》《拜月亭》《杀狗记》）。

南戏在流传过程中，由于不同地区的方言、民俗、民间音乐的土壤以及观众成分的差异，逐渐形成乐调与风格不同的地方声腔。到明朝弘治、正德、嘉靖年间，在诸多声腔中，尤以所谓"四大声腔"（即海盐腔、余姚腔、弋阳腔、昆山腔）影响最大，流播最广，并成为南戏传奇戏曲的主要声腔。

（二）从弋阳腔到青阳腔

弋阳腔因其通俗化和适应性强，在南方城乡民间广受欢迎。在流传过程中，弋阳腔保持其"入乡随俗""错用乡语"的艺术传统，广泛吸收各地方言土语、民歌俗曲的艺术营养，逐渐分化成几种地方声腔，演变成弋阳腔系统。在皖南尤其是与古徽州毗邻的青阳一带，弋阳腔与余姚腔互相交流、整合，并与当地九华山锣鼓佛俗说唱、民歌小曲等民间艺术相融合，演出剧目以改编南戏老本和文人传奇为主，"改调歌之"，逐步冶炼而成富有民间地方特色的青阳腔。汤显祖《宜黄县戏神清源师庙记》说："至嘉靖而弋阳之调绝，变为乐平，为徽、青阳。"

（三）从徽池雅调到天下时尚

明代万历后期，在今之安徽南部流传的戏曲，继徽州、青阳两腔之后，又发生一次重大的变化。这时，以石台、太平为中心的戏班，把一种新的戏曲——徽池雅调推向大江南北各地。其声势之浩大，流传之广远，就连当时正在发展中的昆山腔，都不能与之抗衡。对此，王骥德的《曲律》写道："数十年来，又有弋阳、义乌、青阳、徽州、乐平诸腔之出。今则石台、太平梨园几遍天下，苏州不能与角什之二三。"

徽池雅调不仅有着丰富的演出剧目，在声腔上更具有自己不同于徽州、青阳两腔的特点。后来流传于浙江的新昌调腔、福建的词明戏、广东的正音戏、湖北河南山西的清戏以及山东柳子戏的"青阳"等，都是与明代徽池雅调有关的剧种，其中有的就是徽池雅调，有的是受徽池雅调的影响而形成的。因此，徽池雅调在明代获得了"天

图表2　青阳腔刻本《词林一枝》

下时尚"的声誉，与当时受文人士大夫青睐的昆山腔并称"时尚青昆"。

（四）青阳腔的衰落

自古商路既戏路，明中叶后，赣、皖两地依托长江航运之优势，商贸交往密切，随着徽商的脚步，青阳腔艺人频繁外出献艺，（明）万历年间青阳腔流传至江西湖口一带，并在那里扎根。

（清）咸丰年间，太平天国在长江中下游活动频繁，青阳成为太平天国战争的主战场，生灵涂炭，再加上瘟疫，青阳人口锐减，大批青阳百姓流离家园。及至清末，青阳腔艺人远走他乡，青阳腔在故土逐渐销声匿迹。

由于青阳腔一直在社会底层流传，向无曲谱，传承学习主要靠口口相传，且不受文人士大夫的待见，因此流传下来的文献资料极为有限。

（五）青阳腔的发掘拯救与传承发展

1942年，傅芸子先生在日本内阁文库中发现了明代青阳腔诸刻本文献：《词林一枝》《时调青昆》《万曲长春》《玉谷新簧》《摘锦奇音》，等等。

1956年，在江西湖口县付垅乡发现有农民组建的戏班在演出青阳腔，并于1959年进京汇报演出。1959年，青阳县文化馆开始在民间搜集、挖掘青阳腔剧目。同年年底，《百花赠剑》折子戏参加了安庆地区群众业余汇演并获奖。

1987年，江西省文化厅、九江市及湖口县成立青阳腔抢救领导小组，刘春江先生三十年如一日，孜孜不倦搜集整理研究，为抢救发掘湖口青阳腔做出了不可磨灭的贡献。是年11月，青阳县文化局派出5人前往江西湖口县考察青阳腔，搜集整理资料，并组织艺人学习排练。1989年12月，江西湖口青阳腔艺人曹耀春、刘春江、陈斌应邀至青阳辅导排练青阳腔折子戏《夜等追舟》《送饭斩娥》《百花赠剑》等剧目，并举行了"青阳腔传统折子戏专场"公演。中央、省、地电视台相继播放"抢救青阳腔实况"纪录，同时中央人民广播电台在"对港澳台胞广播"节目中，播出通讯报导《青阳腔回到故土》。1991年4月由安徽省艺术研究所、安庆市黄梅戏研究所、池州地区文化局、青阳县文化局联合编辑出版《青阳腔剧目汇编》（上、下集），收集青阳腔大小剧目94个。1992年5月3日，中国艺术研究院戏曲研究所、安徽省艺术研究所、池州地区文化局、青阳县人民政府联合举办的全国青阳腔学术研讨会在青阳召开，与会专家、学者在会上交流学术论文24篇，并以《古腔新论》结集出版。

图表3　青阳腔非遗牌匾

2006年青阳腔被国务院命名为首批国家级非物质文化遗产代表作名录。

青阳腔一直受到县政府的高度重视，在政府的大力支持下，2011年成立了"青阳腔新声艺术团"，建立了"青阳腔传习馆"。2018年5月23日青阳腔博物馆开馆并举办了"全国青阳腔学术研讨会"，CCTV戏曲频道"戏曲采风"栏目对开馆仪式和研讨会作了专题报道。（http://tv.cctv.com/2018/06/09/VIDEQzmjElzsO0OxF9rad1dn180609.shtml）

图表4　全国青阳腔学术研讨会专场演出

县文化主管部门积极开展戏曲进校园活动，于2017年12月在青阳县职教中心（现池州市旅游学校）成立了青阳腔艺术团，开始了青阳腔的赏、学、唱、演等教学活动。

青阳县现已成立青阳腔专业剧团，除青阳腔非遗传承人江进以及汪应培、王为、章秀兰等老艺术家外，还涌现了一批专业从事青阳腔表演的青年艺术人才，如焦琴、高莹等。

二、青阳腔在中国戏曲史上的地位

青阳腔在中国戏曲史上最大的贡献，就是打破了过去戏曲曲牌联套体的音乐结构和长短句格的文学体裁，创立滚调，在唱腔中加入滚白和滚唱，最突出的就是畅滚，即在曲牌后面加上大段的滚唱；在唱法上沿平、低发展，使唱腔趋于柔和优美；在句法上，增加三、五、七言的偶句，促成了板式唱腔的形成，使中国戏曲发生了重要的变革。青阳腔从声腔、剧目到表演形式，都完整地保存有明代戏曲原貌，因此被誉为中国戏曲的活化石。

青阳腔还对许多地方剧种产生了影响，如黄梅戏、川剧、湘剧、赣剧等戏曲；青阳腔与徽剧相互影响，产生了徽池雅调，徽剧四大戏班进京为乾隆祝寿，吸收秦腔等诸多戏曲的精华产生了京剧。可以说，青阳腔对京剧的形成也有着一定的影响。

三、青阳腔的表演程式

青阳腔的剧本有两种形式：全本戏和折子戏，扮演的多为传统的或当时文人创作的传奇本戏。其表演形式多样，主要有舞台表演和围鼓坐唱。舞台表演不再赘述；围鼓坐唱就是基层劳动人民在劳作之余，围着大鼓"不入管弦"清唱青阳腔，多用班鼓、小钹、小锣等乐器"敲锣打鼓闹青阳"，情绪温和舒缓。

青阳腔拙扑、高昂、刚健、原始，它不用管弦伴奏，一般是用锣鼓伴唱，一唱众和，杂白混唱，腔滚结合（滚调），唱腔灵活多样，曲调清秀婉转，戏曲语言、唱词通俗易懂。

青阳腔行当继承了古南戏的角色体制，有生、旦、净、末、丑、外、贴7个行当，后来又增加了老、小、杂等角色。

四、青阳腔赏析

青阳腔在声腔上属南曲五声系统，其演唱特征为：①锣鼓伴唱，不用管弦；②一唱众和，独唱与帮腔结合；③运用腔滚结合的歌唱方法——滚调。

《百花赠剑》选段

〈青阳腔唱段〉　　　　百花、海生对唱

第四章　传统戏剧

徽剧

徽剧是中国安徽省地方戏曲剧种之一，原名徽调、二黄调，渊源于明代，1949年后定名徽剧。

一、徽剧形成的历史

中国戏剧的繁荣，往往同声腔的广泛流传和发展分不开。徽剧声腔的形成，是徽剧赖以成立的基础。

元朝末期，南戏与北方杂剧分庭抗礼。弋阳腔流传到安徽衍化成徽州腔和青阳腔，并以此为主体，形成了徽剧的前身——徽池雅调，相继产生了徽州腔、青阳腔、太平腔、四平腔等多种声腔。

徽州腔的产生约在明嘉靖年间，至万历年而盛行。当时在中国戏坛上有两种倾向，一种是以弋阳、徽州声腔为代表的适合普通老百姓口味的戏曲，另一种是以昆腔为代表的适合文人口味的戏剧。昆腔剧本文词艰深，温文尔雅，以丝竹等乐器托腔伴唱，悠扬动听，颇受文人欣赏。当徽州腔在徽州本地流行之时，一些在外的徽商却喜欢附庸风雅，以听昆腔为时尚，甚至专门蓄养家班唱昆调。这些演唱昆腔的徽商家班，随着主人回到徽州演出，也把昆腔带到徽州。

清康熙、乾隆时期，徽州腔凭借徽商的推动和提倡，出现蒸蒸日上的全面繁荣时期，仅扬州一地就有江春的德音班、春台班，徐尚志的老徐班，黄德、汪启源、程谦德的家班。这一时期，徽州腔更是兼收并蓄，博采众长，先后吸纳秦腔、吹腔、高拨子、梆子腔、罗罗腔等声腔艺术和剧本优点，形成以徽调为主，融合众长，唱、念、做、打并重的完美剧种，盛行于安徽及江浙一带。

二、徽剧唱腔的特点

徽剧唱腔的特点是滚白滚唱,不仅让戏曲中的人物有倾吐内心积郁与激愤等感情的广阔余地,而且还富有叙述性。徽剧剧目很多,擅演历史题材的大戏,音乐曲调和表演技巧都很丰富。清代中叶其流传很广,对南方许多剧种都有深远的影响。

徽剧以吹腔、拨子为主要声腔,另有青阳腔、四平腔、徽昆、昆弋腔、二黄、西皮及花腔小调共九类声腔。徽剧的曲牌十分丰富,共有100余种,目前经常演出使用的约50多种。徽剧的音乐唱腔更具古老性,吹腔轻柔委婉、情意绵绵,如《百花赠剑》,既有弋阳的古风,又有昆曲的韵味;如《水淹七军》,它在表现战争题材和英雄豪杰时,有独到的魅力和感染力,听来使人感到畅快淋漓,韵味无穷。

徽剧的唱腔通俗易懂,节奏爽朗明快。其多声腔主要包括:拨子、四平、吹腔、二黄,也兼唱昆弋腔、高腔、花腔小调、西皮。后来又增加了反二黄、反西皮、花西皮、花拨子等新腔,唱腔变得更丰富。唱腔为不太严格的联曲体,昆弋腔和吹腔为联曲体向板腔体的过渡形式,也用笛子伴奏,既可演唱长短句,也能演唱七字、十字对偶句,比较灵活。拨子、二黄和西皮都有一套完整的板式,它们的唱词,除回龙、叠板外,均为七字、十字的对偶句。

徽剧的表演,以朴实、粗犷、重排场、擅武功、具有浓厚生活气息为特色,古人有"苏州曲子徽州打"之说。过去的老徽班,每到一地必演《采莲》《八达岭》《七擒孟获》《八阵图》等大戏,以显示班社的行头、阵容,讲究三十六顶网巾会面,十蟒十靠,八大红袍等。有些徽班演《英雄义》,要求饰史文恭的演员要从七张桌子上翻下来而纹丝不动,因而徽州观众特别的喜爱。

三、徽剧的传统剧目

徽剧传统剧目有1 404个,保存档案的有753个。其内容包括列国纷争、宫廷大事、神仙鬼怪和民间生活故事。文戏以载歌载舞、委婉细腻为特点,武戏以粗犷、炽热、功夫精深、善于高台跌扑而震惊观众。生活小戏以浓郁的乡土气息和风趣、诙谐的语言吸引着观众。舞台画面多彩多姿,具有雕塑造型美。

徽昆剧目以武戏为主,有《七擒孟获》《八阵图》《八达岭》《英雄义》《倒铜旗》《白鹿血》等。昆弋腔剧目有《昭君出塞》《贵妃醉酒》《芦花絮》等,吹腔、拨子剧目有《千里驹》《双合印》《巧姻缘》《凤凰山》《淤泥河》等、皮黄剧目有《龙虎斗》《反昭关》《宇宙锋》《月(肉)龙头》《花田错》《春秋配》等,花腔小戏有《骂鸡》《李大打更》《探亲相骂》等。

1957年后,安徽省徽剧团也整理演出了部分青阳腔和四平腔的剧目,如《出猎回猎》《磨房会》和《借靴》等。经过整理较有影响的徽剧剧目有《齐王点马》《百花赠剑》《七擒孟获》《八阵图》《水淹七军》《淤泥河》《打百弹》《拿虎》等。

徽剧艺术这一珍稀文化遗产,不仅对观众、研究中国文化的学者是福音,对于世界了解中国历史文化都具有十分重要的意义。随着时代的变迁,新的文化娱乐方式的冲击,人们的生活环境以及消费方式都发生了变化,很多民间风俗活动不再举行,与此相关的来自乡野、自编自演的徽剧徽戏,也慢慢地淡出人们的生活。因此,对传统徽剧进行抢救、挖掘、保护和传承,成为亟待解决的问题。

庐剧

庐剧旧称倒七戏,俗称小戏、祷祭戏、小倒戏、小蛮戏、庐江戏。因其盛行于安徽省的皖中地区,古属庐州(今合肥市)庐江县,故于1955年7月1日,经中共安徽省委批准,正式改称庐剧。

一、庐剧的形成与发展

庐剧是安徽省传统地方戏的主要剧种之一,流行于安徽境内庐江县、皖西、沿江的大片地区和江南的部分地区。庐剧是在大别山一带的山歌、淮河一带的花灯歌舞的基础上,吸收了锣鼓书、端公戏、嗨子戏的唱腔发展而成。

初期的庐剧,是以大别山和淮河一带的山歌、门歌(门头词)和民间花篮舞、花鼓灯舞为基础发展起来的三小戏。其演出剧目《卖兰花》的唱腔,就是淮河一带流行的花鼓灯调,《打桑》一剧唱的则是大别山流行的打花石调。当时的演出大多采用唱一段舞一段的形式,舞蹈如"绕篱笆子""绕门转子""一条龙""剪子股""荷叶翻身"等,与淮河一带的花鼓灯相似。庐剧在发展过程中,曾受流行于皖西北的阜南和河南固始一带的嗨子戏影响,后来又吸收、融化了湖北花鼓戏和淮河一带的端公(男巫)戏等剧种的部分剧目和唱腔,使自己不断地丰富起来。如端公调唱腔和《休丁香》《张相公打嫁妆》等剧目来自端公戏,《讨学钱》《采茶》等戏来自湖北花鼓戏,黄梅快板(又称行路调)唱腔来自皖南花鼓戏。庐剧班社早期不满10人,只能在农村草台演出,剧目是《点大麦》《游春》《洪武放马》《雪梅教子》等生活小戏和折子戏。辛亥革命前后,曾一度和徽戏合班演出,称为四平带折班(四平指徽戏,折指庐剧小戏)。到了20世纪30年代,部分班社进入芜湖、合肥等城市演出,又与京剧合班,称为乱弹班。因此,在剧目和表演方面亦受徽剧和京剧的影响。

二、庐剧的表演特征

早期庐剧的表演比较简单。二小戏与三小戏中虽有些舞蹈动作,但并不与剧情结合,且可在不同的小戏中运用。表演故事情节比较复杂的折戏和本戏时,主要是以唱表现时间、地点、人物的内心活动。舞台动作很少程式,多为生活模拟,适当予以夸张。旦角多为男性扮演,头上扎着当时妇女装饰用的勒子,上面镶上几颗银泡,脑后梳一条假辫子。上身花旦穿花布短褂,青衣穿蓝色的短褂,皆无水袖;下身穿裙子或彩裤,花旦腰间系一条绸腰带，有时也把绸带扎在头上，手里都拿着小手巾。男的扮公子的穿蓝色大褂，扮劳动者的穿短衣，腰里也是系绸带，手里拿着扇子。后来，有的班社和徽、京戏班合班，服装才有了改进。

庐剧音乐由唱腔和锣鼓组成。唱腔中多有一唱众合的帮腔，间奏或托腔则全用锣鼓。传统唱腔分主调和花腔两大类。主调有生、旦共用的二凉、寒腔、端公调，行当专用曲牌为小生调、老旦调、老生调、丑调。另有在以上曲牌基础上衍变而成的快寒腔、快三七、小生三七、丑衰调、老生衰调及西路常用的寒三七。主调曲牌对各种叙事性、抒情性的七字句、十字句的唱词有灵活的适应性，适宜表达比较复杂的戏剧感情。花腔有各种花腔类小调近百首，如讨学钱调等。花腔是辅助声腔，常用于花腔小戏，但有浓郁的泥土芳香。小嗓子的运用，在庐剧演唱中极为重要。小嗓子的使用不仅起表示角色性别、年龄的作用，更能通过演唱突出庐剧音乐的地方特色。

主调是本戏和折戏的主要唱腔，既可叙事，也可抒情，适合表现复杂的情感；花腔多为民间小调，轻松活泼。庐剧唱腔板式丰富，落板常有帮腔，满台齐唱，称为呓台。传统的庐剧没有管弦乐伴奏，只用锣鼓进行起奏、间奏和伴奏，俗称满台锣鼓半台戏。

庐剧具有很强的吸收性、包容性和普及性。它在唱腔上吸收了地方民歌小调、山歌、情歌、麻城高腔等的音乐，表演上吸收了鄂东的花鼓戏、端公戏、嗨子戏等的手法，不少剧目融汇进了佛教、道教等宗教文化的观念和内容。从这个意义上来说，庐剧具有一定的历史价值、文化价值、认识价值和艺术价值。

三、庐剧的剧目

庐剧的剧目分本戏、折戏和花腔小戏三类，统计共有292个。

本戏以爱情、公案等为主要内容，折戏是从本戏中抽出的精彩部分，花腔小戏以小喜剧和闹剧为主。较有影响的庐剧剧目包括《彩楼配》《药茶记》《天宝图》《柴斧记》《借罗衣》《打芦花》《讨学钱》《休丁香》《雪梅观画》《放鹦哥》《卖线纱》等。

折戏多为本戏中抽出的戏胆（具有独立性的精彩部分），如《张四姐闹东京》中的《捣松》，《梁祝》中的《闯帘》，《三元记》中的《教子》等。有些虽然来自徽戏、京剧或其他剧种，但通过庐剧艺人长期在农村的演出，剧中人的性格、感情、语言，都从主要观众——农民的角度出发，加以重新塑造、丰富、深化，因而带有浓厚的生活气息和乡土特色。

花腔小戏多为二小戏、三小戏，以反映劳动人民生活情趣和爱情为主要内容，也有一些讽刺喜剧和闹剧，如《卖杂货》《放鹦哥》《借妻》《打长工》《骂鸡》《采茶》等。此外还有部分反映清末人民斗争生活临时编演的剧目，如揭露鸦片鬼丑态的《打烟灯》，反映农民投奔太平军的《下广东》等。

早期庐剧的表演简单，基本上是地方小调与民间舞蹈相结合，动作一般不配合剧情。演出多为幕表制，基本没有固定的台词，多采用临时串词、套词的方式。中华人民共和国成立后，庐剧在表演艺术等方面作了较大的改革。

庐剧由于曲调清新，特色鲜明，再加上覆盖面积广泛，极受群众喜爱，庐剧被奉为皖中一绝。它带着山野的气息，带着水乡的韵味，融合百家却又自成一体。时至今日，庐剧已经走过了200多年漫长而又艰辛的岁月，它依旧在用载歌载舞的姿态，鲜明地表现着当地人的生活习俗和精神风貌，并使这片土地能够继续山同脉、水同源、人同心、情感同鸣。

随着经济全球化和社会现代化进程的不断加快，文化需求的多元化趋势日益明显，新型的文化娱乐方式对戏曲产生了巨大的冲击，致使庐剧的生存空间不断缩小，能演大戏的屈指可数。庐剧作品无论质量和数量都很缺乏，大多是传统剧目，新剧目少之又少，既无高原也无高峰，陈词滥调、符号化、碎片化作品充斥着现有的演出市场。庐剧举步维艰，面临着严峻的挑战和猛烈的冲击。

第四章　传统戏剧

傩戏

池州傩戏是一种古老的地方戏曲剧种，以其古朴淳厚的魅力打动人心。池州傩面具吸收和融汇了儒、释、道、巫的宗教意识和民俗、雕刻、绘画等内容，是民间艺术的精华，也是研究古代文化、地域风情、民俗工艺的文物。傩面具从民间工艺品演变为傩神，真实地再现了古代群众祈神保佑、驱鬼逐疫、消灾纳福的美好愿望。

一、傩戏发展的历史

安徽池州是傩戏之乡，而池州的傩戏，作为一种历史久远的地方性戏曲剧种，延续着古朴、粗野的原始风采，蕴含从上古到近代历史时期众多的文化内容。池州每年都举行春、秋两次傩仪祭祀活动。春祭在农历正月初七至十五祭祀，秋祭在农历八月十五进行，平时一般是不演出的。

此外，傩戏是原始宗教文化与戏剧文化相结合的产物，既有祭祀功能，又具备审美功能。傩戏与世俗的戏剧演出差别在于，傩戏能将一个或多个村庄当成表演的场地，乡民往往既是表演者也是观众。

1949年后，傩戏被视作封建迷信和旧文化，傩事活动在池州逐渐式微，文革期间更是销声匿迹。改革开放后，池州傩戏作为珍贵的文化遗产，引起海内外学者关注。池州傩戏的历史文化价值，也日益受到地方政府的高度重视。该市成立了专门的保护机构，鼓励引导乡村傩事活动健康有序地开展，同时积极采取抢救保护措施。通过多年的努力，已抢救整理出《苏秦团圆》《张仙送子》等14个傩戏剧目。搜集整理出一套完整的傩艺资料，主要有零散于民间的文字资料（宗族家谱、曲谱等）、实物资料（面具、龙亭、服装等）和口传的、非物质化资料（艺人唱腔、表演程式等）。与此同时，依托市黄梅戏剧团，成立市傩艺团，组织专业演员深入乡村学习，把散落在民间的傩戏傩舞搬上正规的大舞台。

二、傩戏的起源与表现形式

傩戏是在民间祭祀仪式基础上吸取民间歌舞、戏剧而形成的一种戏曲形式。傩戏起源于商周时期的方相氏驱傩活动，汉代以后，逐渐发展成为具有浓厚娱人色彩和戏乐成分的礼仪祀典。大约在宋代前后，傩仪由于受到民间歌舞、戏剧的影响，开始衍变为旨在酬神还愿的傩戏。

傩戏是历史、民俗、民间宗教和原始戏剧的综合体，广泛流行于安徽、江西、湖北、湖南、四川、贵州、陕西、河北等省。傩戏在不同民族和地区，名称不一，如傩堂戏、端公戏、师道戏、童子戏、地戏、关索戏等。

傩戏的表演者古称巫觋、祭师，被视为沟通神鬼与常人的"通灵"者，表演时装扮上各种服饰面具，借神鬼之名以驱鬼逐疫，祈福求愿。角色分列为一末、二净、三生、四旦、五丑、六外、七贴旦、八小生，主要分为生、旦、净、丑四大行，多数戴面具表演。

傩戏在人物的塑造上借助面具来烘托，即木雕面具和兽皮面具。脸谱造型注重人物性格刻画，根据不同的人物选取不同的兽皮。面具用樟木、丁香木、白杨木等不易开裂的木头雕刻、彩绘而成。按造型可分为整脸和半脸两种，整脸刻绘出人物戴的帽子和整个脸部，半脸则仅刻鼻子以上，没有嘴和下巴。

傩戏有唱有白，有完整的故事情节。传统剧目有《刘文龙》《孟姜女》《章文选》等。池州傩戏无丝弦乐器，只用锣鼓伴奏，人声帮腔。其唱腔分为高腔和傩腔两大类。

三、傩戏的传承价值

池州傩戏积淀了从上古到近代各个历史时期诸多的文化信息和艺术特征，隐藏着博大精深的文化蕴涵，为学术界提供了极高的历史学、宗教学、人文学、戏曲学、美术学、民俗学、考古学等研究价值。人类漫长的发展过程中，文物资料相当缺乏，特别是历史久远的史料少，难以佐证人类的重大事件和文化交融活动。而沿袭经年、保持不变的池州傩戏，却真实客观地再现了人们从驱邪逐疫、敬神祭向请神尊祖、消灾纳福和娱神娱人方面转变的历程，留下了珍贵史料。

第四章　传统戏剧

　　从现存的池州傩戏可以看到,它既有着原始的自然崇拜的内涵,也受到儒、道、佛教文化的影响;在艺术方面,古代文化的层累面也很清晰地展现,如汉代的绂舞、缯舞,唐代的胡腾舞、西凉伎等;在戏剧方面,也可看出变文、词话、傀儡、村俚歌谣及宋杂剧、南戏对其的影响。因此,学界普遍认为,它是中国在演出形式、剧目、唱腔、面具、服饰、道具等方面保存最古老最完整的古戏曲之一,对于研究古代文化艺术、宗教演变、宗族结构、民风民俗、山民思想和江南地区政治、经济均有极大的史料价值。

　　傩的宗旨是驱鬼逐疫,以商周时期《周礼》的文字记载为始。数千年来,周代傩仪延伸为傩俗,衍为傩戏,扩散到汉文化全周边地区的民族和国家,如东亚地区的韩国和日本。傩仪、傩俗、傩戏在流传过程中,融入了诸多文化艺术因素,包括诗、歌、乐、舞、戏等,这给文化艺术的起源和发生带来了诸多启迪。这就意味研究傩戏不单纯是进行戏剧研究,而是具有人类文化学、民族心理学、民俗学等多方面的内容。由巫入道,体现着中华文明的足迹。因此,就有对其研究、记录、开掘文化内涵的必要。对傩文化的重视、保护和研究,对全面完整和深刻认识中国传统文化,尤其是民间草根思想文化的一脉相承具有积极意义。

第五章
传统美术

徽州三雕

徽州三雕是一种地方传统雕刻艺术，是指在古徽州一府六县（今安徽省的黟县、歙县、祁门、休宁、绩溪和江西省的婺源县）的区域内，具有徽派风格的木雕、石雕、砖雕三种地方传统雕刻工艺。三雕历史悠久，技艺精湛，世代相传，有完整的工艺流程，在国内外享有很高的声誉。其精湛的雕刻技艺和不朽的艺术价值，充分体现了古代中国劳动人民的卓越才能和艺术创造力。

一、徽州三雕的历史源流

徽州三雕是古代徽州地区流传的木雕、砖雕和石雕三种工艺的统称，它们均为古代徽州地区明清建筑的装饰性雕刻，具有浓厚的地方文化色彩。徽州古建筑以民居、官宅、宗祠、庙宇、廊桥、牌坊为主，无论建筑部件还是家居设备都具有很强的地域风格，十分注重雕刻装饰。

三雕中，一般多在房子的月梁、额枋、斗拱、雀替、梁驼（俗称元宝）、平盘头、榫饰、钩挂、隔扇门窗格心、裙板、绦环板、莲花门、窗格、窗栏板、栏杆、轩顶、楼沿护板、挂络等部位以木雕进行装饰，而房内陈设的家具如床、榻、椅、柜、桌、梳妆架、案几等的上面也都有精美的木雕；砖雕主要装饰于民居的门楼、门罩等部位；石雕则主要用作祠堂的石栏板，民居门墙的础石、漏窗及石牌坊的装饰。

徽州三雕与建筑整体配合得极为严密稳妥，其布局之工、结构之巧、装饰之美、营造之精、内涵之深，令人叹为观止。无论是木雕、砖雕还是石雕，都将浮雕、透雕、圆雕、线刻等多种技法并用，从中可看出汉唐以来我国建筑装饰雕刻艺术的传承脉络，同时也反映出徽州文化中其他艺术样式对徽州建筑装饰雕刻风格的影响。

据史记记载，古徽州历史悠久，从东汉建安十三年，古徽州建郡之始迄今近两千年。它地处皖、浙、赣三省交界，黄山脚下，山水秀丽，人杰地灵。历以商贾众多、文风兴盛而蜚声海内外，徽商的发展繁荣了文化教育事业，造就了新安理学、新安医学、徽派朴学、新安画派、徽派版画、徽州篆刻、徽派建筑、徽雕等徽州文化。徽州三雕就是在这样发达的徽文化大背景下逐渐形成和发展的产物，是能工巧匠的佳作。

三雕的历史源于宋代，至明清而达极盛。

徽州三雕中，木雕以黟县的宏村承志堂和木雕楼，石雕以歙县的棠樾牌坊群和黟县西递的"松石"，砖雕以屯溪滨江长廊里的"五百里黄山图"最为出名。徽州三雕其精湛的雕刻技艺和不朽的艺术价值，充分体现了徽州劳动人民的聪明才智。

二、徽州三雕的地方特色

徽州三雕浓郁的地方特色形成，主要基于以徽州的奇山秀水入画，具有地方个性；新安书画的特色，予三雕画以直接影响；遍及城乡的徽戏演出，为三雕人物画提供了独特的蓝本；宗法礼教意识的注入，使简单的物象组合有了深刻的含义。

徽州三雕多以传统戏剧故事为题材，雕刻的图案反映了徽州人对于琴棋书画的修身之好，对福禄寿禧的良好寄寓，而各类的雕件大多精美细致，更是反映了徽州人做事的用心和认真。徽州雕刻的品位之高，来源于徽州人世代积累的底蕴和广阔的视野。

三雕艺术作品，不同于其他美术作品由作者独立创作完成，而需服从主人的建筑、装修的总体设计方案，主人甚至会对每幅图提出题材、构图的主导意见。如建成于光绪二十四年（1898年）的歙县斗山街汪宅，内装修前主人汪维梁先后请了许多名流来讨论设计方案和草图，使该宅的木雕刻显得系统而不俗。这种主人主体设计，工匠捉刀绘刻的风气，也是形成徽州三雕地方特色的重要因素之一。因此，从三雕作品中可窥见徽州人的审美情趣和所寄托的道德理念。

例如，三雕的植物主要有松树、荷花、莲花、灵芝、兰草等。松树寓意长青不老，荷花喻君子，也是崇佛的象征。一些石拦望柱头，须弥座、佛座皆雕变形莲花；一些寺庙祠堂的柱础及民宅悬柱式门楼的悬柱头也雕莲花，有一块荷鹭图的砖雕，两枚盛开的荷花中间穿插着两朵待放的蓓蕾，一只鹭迎风立于一隅，画面丰富而有节奏，形象写实，改变了那种讲究对称和变形的手法，简直就是一幅优美的花鸟画。灵芝是吉祥如意的象征，被广泛应用在如意图案中。兰草亦比喻君子，儒雅高洁。古人云："善人交，如入芝兰之室。"

三、徽州三雕的传承意义

徽州三雕的传统制作技艺，在民间建筑与雕刻行业中广为流传。1979年以后，一批古建园林施工企业相继成立，一些三雕老艺人被重新组织起来，并开始带徒授艺。但由于建筑材料、工具的变化及建筑成本核算等原因，费时、费工、费料且刀法掌握困难的传统雕刻技艺逐渐被人们排斥在应用范围之外，许多技艺已经失传。

近些年来，一些地方开始发展旅游，需修建、修复一批徽州建筑和制作工艺品，歙县古典园林建筑公司和徽州古建筑研究所开始恢复生产砖雕，徽州三雕市场需求回升，工艺传承逐渐恢复，在政府和民间的共同努力下，逐渐培养了一批高素质的三雕人才。

近年来随着国家对非物质文化遗产的保护和开发，徽州三雕的工艺传承方式逐渐向活态传承方式转变。就徽州三雕艺术而言，活态传承是指在对徽州三雕艺术进行保护时，坚持可持续发展道路，注重对徽州三雕的传承主体，特别是有经验的老艺人的保护，着力保护和开拓徽州三雕艺术的生态空间和与之相关的整个徽州文化空间，重视徽州三雕艺术具体传承内容的创新，并在法律和制度的保护之下，合理适当地开发与徽州三雕艺术相关的文化产业。

第五章　传统美术

剪纸

阜阳剪纸是安徽阜阳一门古老的传统民间艺术，其多以吉祥喜庆、五谷丰登、六畜兴旺、年年有鱼（余）等民间题材为主。情趣丰富，装饰味重，兼有南北剪纸的艺术特色，即粗犷之中蕴纤巧，质朴之中见秀丽，刚柔兼备，情趣醇和。

一、阜阳剪纸的历史源流

安徽省阜阳地区的剪纸，应用范围很广。一种是在喜庆节日用红纸剪作装饰的，如窗花、门笺、灯花、喜花等，内容多系象征吉祥与喜悦，或隐喻；另一种是作为围嘴、兜肚等儿童服饰上的刺绣底样，取材一般为花卉、鸟、虫等。阜阳剪纸善于运用粗细线组合，阴阳刻交替的手法，融合我国北方剪纸的粗壮浑厚和南方剪纸纤巧秀丽的风格，形成了刚柔兼备、节奏和谐、朴实优美的地方特色。

阜阳独特的地理位置、悠久的历史、多元的文化以及深厚的人文思想为阜阳地区剪纸艺术的产生与发展提供了肥沃的土壤。阜阳剪纸的大部分作者都是土生土长的本地人，他们以自己的作品来表达生活情趣，美化周围环境。逢年过节，婚丧喜事，祝寿送礼，人们习惯用剪纸装饰物品。妇女们在鞋帮、衣帽、枕套、手帕、围裙上绣的花样，也都是先用剪纸作底稿。朴素的审美观，形成了艺人剪纸风格和作品内容。

阜阳剪纸以传统多样的题材、丰满严谨的构图、浓郁的乡土气息和纯朴的艺术特色而享有盛誉。1978年以来，阜阳剪纸继在合肥、上海、南京、北京以及日本东京等地展出之后，又由中央新闻纪录电影制片厂搬上了银幕。

二、阜阳剪纸的艺术特色

剪纸的形式大体上可分为单色和彩色两大类，南北剪纸又因风格各异而有所不同。其作品有单色的、填色的、染色的，有粗壮单纯的、细致精繁的，还有借鉴西洋绘画的线条组合形式的，真是绚丽多彩，百看不厌。

安徽阜阳剪纸被誉为中国民间艺术的一朵奇葩。阜阳地区地处中原，剪纸艺术融南北方剪纸之长，浑厚中见洒脱，淳朴中透着秀美，刚强中蕴含柔和，作品总能根据内容和制作的特点，得到尽情发挥。安徽阜阳很早就有了剪纸的出现，从现存资料看，阜阳博物馆收藏的"兰桥会""牧笛""祭塔"等，都是清代的阜阳剪纸。作品构图简洁、形象生动，剪口清晰，想像丰富。

阜阳剪纸多以民间题材为主，如剪纸座屏《丹凤朝阳》，以天上最明亮的太阳和鸟中最美的凤凰作为题材，反映了劳动人民对光明的追求，寄予生活美好的愿望。反映花鸟作品的《月桂飘香》《团凤》《鸳鸯》等，反映神话传说的《八仙过海》《神医华佗》，反映现实生活的《植保员》《又长大了》等作品都是取之于民间，用之于民间，情趣丰富，在内容上有所发展而不失乡土气，在手法上有所创新而又不损传统风味。

三、阜阳剪纸的技法

阜阳剪纸的剪法也向阜阳人一样有着粗犷豪放而又细腻温婉的气质和性格，他们透过剪刀，将自己的思想、才华和美好的愿望都倾注在剪纸中，形成了富有特色的剪法语言。阜阳剪纸的剪法技艺有其细腻、内敛的一面，如暗口入剪等；也有其粗犷、大气的一面，如掏剪、折剪等。

暗口入剪就是将剪刀从外部直接进入要剪的部位，剪完后剪刀从剪口抽出，剪开而不镂空，没有剪掉一点，只形成一个暗口。此种剪法是受到刺绣花样剪法的影响。旧时，剪刺绣花样，需要套针换色，多采用暗口入剪以区分换色位置。在今天，暗口入剪已经成为阜阳剪纸艺人的善用技法，充分地保证了剪纸的完整性，并不因为剪法而破坏画面，形成大块面的效果。

掏剪也叫挖剪。剪尖直接插入要掏剪的部位，右手拿着剪刀，左手拿纸，在剪尖中插入纸时，要掌握好力度，用力不能过猛，也不能垂直插入，剪尖要与纸形成斜角。

折叠剪法在剪纸中经常使用，运用这个方法，可以达到事半功倍的效果。阜阳剪纸在整体折叠剪法的基础上，还善于运用局部折叠的方法剪出装饰纹。阜阳剪纸中对称锯齿纹一般也是由这种手法剪出。

阜阳剪纸艺人通过长时间的磨炼，形成一整套塑造物象的剪法技艺。用这些剪法技艺塑造出无数朴实优美、刚柔兼备的剪纸作品。

剪纸善于把多种物象组合在一起，并产生出理想中的美好结果。无论用一个或多个形象组合，皆是"以象寓意""以意构象"来造型，而不是根据客观的自然形态来造型。同时，又善于用比兴的手法创造出来多种吉祥物，把约定成俗的形象组合起来表达自己的心理，追求吉祥的喻意成为意象组合的最终目的之一。地域的封闭和文化的局限，以及自然灾害等逆境的侵扰，激发了人们对美满幸福生活的渴求。人们祈求丰衣足食、人丁兴旺、健康长寿、万事如意，这种朴素的愿望，便借托剪纸传达出来。

挑花

望江挑花是安徽省望江县的传统手工技艺，扎根于民间，土生土长，世代相传。据考证，这一艺术最早始于唐代，约有1 000多年的发展历史。据说，在唐代兴盛时期生活于雷池大地香茗山麓的一方百姓，一直守着地少人稀的峰、峦、岭、岗，过着"日里撑船撒大网、夜里点火织网纱"的日子，虽不太富裕，但还算安逸。或许是出于一种对美好幸福生活的追求，在日复一日的男耕女织之余，天生爱美的村姑们便常常一起琢磨着怎样把自己亲手织就的纱巾、头布添些花纹来，就这样，最初的望江民间挑花便在村姑们的揣摩中应运而生了。

一、挑花的历史记载

据史料记载，在唐朝中、晚时期，著名的文学家罗隐为避安史之乱期间的兵火战乱，几经跋涉，寻寻觅觅，来到地处皖西南边陲，位于太（湖）、怀（宁）、望（江）三县交界处的香茗山中蛰居栖身，并过着一瓢一钵、石头支灶、拾柴为炊、卖文兑米、渴饮山泉、饥食野果、茅棚作屋、山石为床的贫寒生活。一年秋天，罗隐在山中采撷贮备过冬的野果时，正巧遇上几位头系布巾的村姑也在山上采果打秋，于是，儒雅斯文的罗隐很有礼貌地迎上前去施礼问候，并与她们边采果边攀谈起来。从村姑们忙碌的身影中，罗隐发现村姑们头上那飘忽不定的白底蓝花头巾，其正面虽然好看，但由于其花卉图案是飞针走线刺绣的，其反面的针脚线较乱，很不雅观。于是他灵机一动，建议村姑们今后刺绣不妨用针在白底布上的两面进行挑绣，并随手从身旁的柞树上折下一根针样的长刺，对着村姑们取下的头巾做演示，村姑们把罗隐的指点默记在心，回去后便拿出针线和白布按照罗隐的指点挑绣起来。果然，挑绣出来的图案正反成趣，如同一辙，令人耳目一新。尔后，这一独特技法一传十、十传百，慢慢便成了望江挑花之特艺。望江挑花以其构图精美、正反成趣、内涵丰富、美观实用而为望江人民所喜爱，世代相传，保留至今。

望江挑花在传承发展中逐步形成挑、钻、游、织四种针法技艺。构图元素取材于生活，除各类几何图形外，常见的植物有梅花、竹叶、牡丹、金瓜、莲花、菊花、石榴、柏枝、栀子花等；常见的动物有蝴蝶、蜜蜂、孔雀、喜鹊、鸳鸯、松鹤及十二生肖等。其他如太极、八卦、宫灯、日、月、星、云、山、水、舟、船等图，如意、元宝、金钱、寿字、福字、喜字、吉羊、平安等各种文字，还有各类人物的生活、生产、游戏，以及喜庆、图腾、宗教等活动。

二、望江挑花的寓意

望江挑花别有意趣，娴熟的技艺，精致的饰品，是女儿们的身价与荣耀，也是父母的期望与骄傲；是夫婿的自豪与微笑，也是构筑温馨家庭和幸福生活的护身符和传家宝。虽仅凭一根针、一绺线，在经纬布上游织，但它织就的是智慧，是靓丽，是文化。

从棉到布，耕、摘、搓、纺、织；从布到饰品，经、浆、挑、绣、刺，等等，每一步都讲究一个"精"字和一个"细"字。只有精耕细作，精挑细选，精纺细织，精刺细绣，才能相得益彰，独具特色。一样粗细的纱、一样洁白的布、一样细密的针、一样灵巧的手，才能挑绣出一样的诙谐与意韵。

二龙戏珠、狮子滚球、凤穿牡丹、蝴蝶扑金花等一个个活灵活现的动物形象，亭台楼阁、山石泉林、牡丹、秋菊等一个个文人景观和植物构图，神话传说、喜庆福寿、吉祥如意等，既栩栩如生，异彩纷呈，又颇具特色，巧夺天工。

望江挑花，飞针走线主要有两种针法：一种是挑，一种是钻。挑是一种十字针法，分单十字和双十字；钻是织品，正面是阳花，背面是阴花，立体感强。不同的针法运用，挑绣出的饰品图案具有不同的特色和效果。如以挑为主的游花，细腻、鲜明，正反图案花纹一致；运用钻花原理形成的织花则兼顾提花的感觉、钻花的效果，凸现了技艺的精湛和娴熟。

望江挑花三分传承，七分创造。有规有矩，千变万化。象形与会意、单独或组合、花中套花等，表现形式多样。望江挑花制品细腻精湛、色泽淡雅，曾三次被选为人民大会堂的艺术饰品，又多次在各种交易会、博览会上获奖，声名远播。

望江挑花之所以能传承千年，并备受人们珍爱，除了它与生俱来的"土、特、奇、古"四大特点外，还在于它具有同中有异、异中有同的构图及挑、钻技巧。大到一个地域、一个村庄，小到一家一户，乃至一个人，构图各有各的心智，挑、钻各有各的技巧，但终究他们又都是仅凭一根针、一绺线在青与白、蓝与白的搭配中"游刃"。也正是这门看似简单又颇具奥妙的民间艺术，在历史的长河中，让人们一次次找到了美的感觉和享受，人们才得以代代相惜，承传至今，并不断地发扬光大。

三、望江挑花的艺术特点

望江挑花的艺术特点是乡土气浓、俗中见雅。望江挑花从原料到成品，都是由农妇们精心劳作而成，她不仅是一种土生土长，便于家庭代代相传的工艺，而且是一种通过不同针法才得以完成的精美艺术。针法独特、正反有趣。与四川挑花、湖北挑花、云南挑花、贵州挑花相比，望江挑花以其正反成趣的独特技法，凸现了望江文化的精神。挑钻的文字讲究玻璃文，两面能读，如"竿竿笑，幽兰朵朵香"。

新颖别致、花中套花。花中有物，物中有花，含义深刻。同中有异，各有各的心智，各有各的擅长；异中有同，用严格、细致、规范的针法挑出正反成形、花中套花的图案造型。地方特色、古朴典雅。望江鸦滩古属"吴头楚尾"，楚文化是其底蕴，吴文化在这里也打下了深深的烙印，在漫长的历史演变中，逐步形成了有特色的地方文化。从望江挑花独特的针法、鲜明淡雅的色彩、清雅流畅的构图，不难看出古朴淡雅的吴楚文化渊源和审美意蕴。

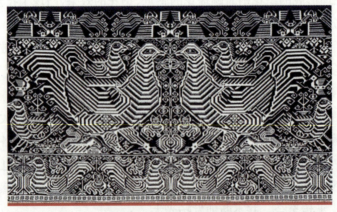

像百草园中千万朵奇葩一样，望江挑花正沐浴着新世纪的雨露阳光。在有关部门的高度重视和积极争取下，不久前，安徽省已将其列为省级非物质文化遗产名录，一系列抢救、保护、扶持、发展的措施正化为望江人的自觉行动。望江挑花有着深厚的文化底蕴，集艺术性与实用性于一体，是望江人民宝贵的精神财富。

第五章　传统美术

烙画

烙画古称火针刺绣，又称烫画、烙花、火笔画，是我国较早的一门民间艺术，是用热烙铁在物体上熨出烙痕作画。烙画作为汉民族艺术的传统手工艺，经历千年的发展，在全国分布广泛，以安徽、河南、河北为主要集中地。烙画受到当地文化、习俗、气候、经济等因素的影响，逐渐形成了自身特有的、显著的地域特色和鲜明的艺术特色。安徽烙画以江淮地区为中心，辐射周边城市、农村。

一、烙画的起源

关于烙画的起源时间，目前尚没有具体的史书记载，不少人认为烙画起源于西汉末年，传说烙画王李文救刘秀并送一只烙花葫芦给他作盘缠的故事，刘秀不胜感激，即使后来历经千辛万苦，也不曾将那只烙花葫芦卖掉。公元25年刘秀称帝后，仍不忘李文的救命之恩，宣其进京，赐银千两，加封烙画王，并把烙画列为贡品，供宫廷御用。但据庄子所著《马蹄》："及至伯乐，曰：'我善治马。'烧之剔之，刻之雒（烙）之"，文中所讲在马蹄上用烙铁留下标记就属于烙画。我国目前出土最早的烙铁印是"日庚都萃车马"，由此可以推测烙画起源于春秋战国。

二、烙画的发展

春秋战国时期社会动荡，烙画还没有作为主要的画种，烙铁主要是签名或作记号之用，烙的是文字或简笔线条图案。烙画发展于汉代，兴盛于东汉，从民间传说的烙画王李文的故事，可以看出当时民间烙画水平已非常高，所烙飞鸟走兽、人物山水栩栩如生。1975年考古工作者在汉墓出土的漆匣等器物上发现烙印戳记。这些烙印戳记标示的是漆匣的产地,是汉初蜀郡成都作坊手工业的制品。这就说明汉代已出现烙花筷子和烙画工艺品。清末李放编著的《中国艺术家征略》一书,书中记载:"张崇,唐代名画工。擅长烙画,人称巧人张崇。"据载张崇腰带铰具,每一胯如钱,灰画烧之,见火即隐起,作鱼、龙、鸟、兽之形,莫不悉备。

新中国成立后,烙画发展很快,烙画人员素质整体偏高,既有世代相传的烙画世家,也有艺术院校毕业生加入形成专业团队。烙画工具也随着科技进步而有所创新,电烙铁成为常用工具,烙画材料也更广泛,有木板、葫芦、宣纸、丝绢、布、竹等,烙画题材广泛,反应时代。烙画不仅在全国美展上展出,还在国际艺术博览会上展出。人民大会堂、博物馆、文化馆、风景区、机关单位都有悬挂和收藏,有的还被作为国礼送给外国元首。

三、烙画的制作

烙画的制作早期以铁针为工具,在油灯上炙烤进行烙绘,主要作为筷子、尺子、木梳等小件日用品上的装饰。后来,制作工艺和工具不断改革,由油灯烙换为电烙,将单一的烙针或烙铁换为专用电烙笔,比较先进的电烙笔可以随意调温,从而使这一古老的创作方式具备了前所未有的表现力。特制电铁笔,加热后高温代墨,在木板、竹板、纸、布、皮等材料上进行烙绘。

郑红伟工作室学员在制作烙画

完成一幅(件)烙画制品要经过选材、构思、描绘草图、烙画、上漆、装框等多道程序。成品烙画其画面线条简练自然,工笔写意,栩栩如生且永不褪色,给人以画风纯朴、古香古色、精美典雅的艺术享受。

第五章　传统美术

郑红伟作品《林泉晨秀》）

烙画内容取材广泛，主要有人物、花鸟、禽兽、山水、书法等。纸质烙画则多以红楼梦、西厢记、三国、西游记、敦煌壁画中的人物为主，作品巧夺天工，精妙无比，是家庭、宾馆装饰以及馈赠、收藏的最佳民间工艺美术品。

郑红伟作品《秋韵》）

当前烙铁工具日益先进，温度能控制得得心应手，不同温度烙出的深浅程度不同，呈现的色彩变化也就不同，线条的力度、深浅也变化万千。烙笔笔头的形状多样，烙制画时可以根据题材需要变换各式各样的笔头，如有刀形、有铲形、有针形、有球形、有钩形……一幅好的烙画，主要受三个因素影响：一是创作者掌握工具的熟练程度，二是创作者要多借鉴其他画种的技法，三是作者驾驭题材与技法相匹配的能力。技法有勾线，如双勾、单勾；有刻线，即用刀形烙铁入木三分刻画；有烘烤渲染等。不同的运笔也会出现不同的效果，这和国画等画种道理相同，如顺锋、逆锋、侧锋、藏锋、露锋、拖笔、枯笔、拙笔等，所表现的效果各式各样，个性特征鲜明，在烙制过程中有时会有不可预料的随机性。在把握火候、力度的同时，注重"意在笔先、落笔成形"。

四、烙画的现状

烙画是古老的画种，具有独特的个性特征，具有显著的地域特色。作品淡泊、宁静、端庄、抒情、细腻、重意境，极具东方文化的气韵，有精神内涵，有人文情怀，有中国画元素，形成了地方特色艺术风格特征。

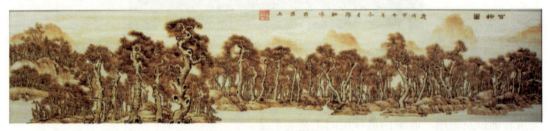

郑红伟的作品《百松图》）

烙画领军人物郑红伟先生，在东西方文化的冲击下，借鉴融合一些元素，发展创新，把烙画推出国门，参加国内外的展览几十次，多次获奖，他的作品被国家级、省级博物馆收藏。他强调不能一味地模仿别人而迷失自我，失去烙画本身固有的母本元素。要在这种学习和融合中丰富艺术语言，强化自身的特征，突出个性，让作品有精神内涵和时代气息。

凤画

凤画俗称凤凰画，由于与别的地方的凤画不太一样，也叫凤阳凤画，是凤阳特有的一种传统艺术形式。由于凤画造型独特，色调明丽，手法细腻严谨，因而在民间有一定的影响，为广大群众所喜爱。

一、凤画的起源

关于凤画起源有一个美丽的传说——凤凰点穴，知府打坑。

传说在元朝末年（朱元璋童年），有一只五彩凤凰落在凤阳南门外小土丘（现凤凰山）。百姓得知，纷纷前往观看。一知县赶到那里，可是凤凰已离去。"凤凰不落无宝之地"，于是，知县就派人挖地掘宝，结果一无所获。第二天朱元璋送母下葬，路过此地，绳断芦苇散，其母落入其坑，接着狂风暴雨，很快就把坑填平了，还堆出一个小土堆。这就是"凤凰点穴，知府打坑"的美丽传说。后来，有一位巧手画师，将彩凤的传说画了出来并在民间广为流传，并师徒相承，经过600多年的风雨流传至今。

马夕林《百鸟朝凤》

二、凤画的发展

凤画始于明初，经历代相传至今。经历了"抗战""文革"两次浩劫，在"文革"中逐渐衰落。1978年党的十一届三中全会后，各级文化部门又重新挽救凤画。王德鑫、华荣生等凤画家在凤阳县创作出一批华派风格的凤画作品，对以后的凤画发展与传承有着深远影响。近些年来，在党和政府"双百"方针指引下，各级文化部门十分重视传统美术，凤画才得以恢复与发展。

20世纪90年代又成立了"中国凤阳凤画院"，马夕林任院长。凤画大师吴德椿的《唱乡情》入展全国第三届美术作品展、第六届全国美展。这期间凤画家马夕林、吴文军、涂维良、吴德椿、王金生等均为凤画的发展起到了重大的推动作用。

吴德椿《凤凰涅槃》

近年来，唐勤智、张维武、张芹、谢冬梅、刘晓玲、马立敏、景幸福、陈海珍、曹翠莲等多名凤画学习者和传承者，在全国、省、市各种展览中获奖。凤画涌现出一大批新老凤画家，如王云之、吴恒元、吴江、刘耘刚、束加艺、马克云、涂山、金齐斌、候俊慧、成祖秀、武云、方玉平、唐家善等。

凤画在解放前没有流派之分，都是以姓代表画店，如华家画店、尹家画店。解放后则以姓改派，称华派、尹派。

据老凤画艺人华荣生口述，解放前，凤阳有六家画店，绘制的凤画在传统的画法上都是统一的。但在造型布局上都不雷同，虽差异不大，但各具特色。

三、凤画的艺术特色

凤画色彩强烈鲜明，格调单纯明快，既来之于自然，又脱离了自然而升华，充分体现了"三分画，七分彩""花无正色，鸟无正名"和"有红有绿，图个吉利"的民间艺术创造法则，具有民间的"土特"风格，与一般画家们画的凤凰是有区别的。

凤画表现风格和程式口诀："蛇头、龟背、九尾十八翅、鹰嘴、鹤腿、如意冠"，是中华传统吉祥物中最美部分的集合体，寓意幸福吉祥。其中九尾十八翅意指古代凤阳府管辖九州十八县的历史盛事。

传统凤画题材有八类：《丹凤朝阳》《百鸟朝凤》《龙凤呈祥》《五凤楼》《麒麟凤》《带子还巢》《四屏风》《无论图》。其中《丹凤朝阳》是凤画最为传统的题材之一，造型饱满圆润，简洁端庄，美丽的凤呈 S 型，立于牡丹丛中山石之上，背景为升起的太阳。设色浓艳悦目，象征人民追求美好生活的吉祥之意，还隐喻凤落宝地，给人民生活带来吉祥如意。

凤画作为民间绘画艺术，在色彩技法上，以民间工艺色彩为主，吸收了传统工笔花鸟画的用笔技巧和年画中的一些染色方法，形成了"五彩、素彩、水墨"三种基本画法。设色上做到易懂易学，整体表现上保留着民间风格的主导地位，色彩、造型上却不断追求完善生动，雅俗共赏。

第六章 传统技艺

毛笔制作技艺

毛笔制作技艺又名徽州毛笔制作技艺，是国家级非物质文化遗产之一。

一、徽州制笔的历史渊源

徽州制笔始创于南宋年间，北宋年间汪伯立所制毛笔曾为贡品，兴盛一时。徽州制笔工艺复杂、艰苦，特别是制作笔头，大部分时间都在水中作业，并且需要长时间的坚持，一支好的徽笔，不仅要保留传统工艺，而且要在原基础上创新、改良。徽笔有200多个品种，主要有羊毫、狼毫、兼毫等。

近年来，随着徽笔对外的影响和书画家的需要，黄山市徽笔工艺研究所在原有品种上开发了一系列新品种，其中"桃园三结义""画龙点睛""滋龄妙笔"尤为突出，供不应求。徽州制笔主要传承人为黄山市徽笔工艺研究所所长——黄山杨文笔庄主人、高级工艺美术师杨文。

徽笔兴盛于宋代，以古徽州吕大渊、汪伯立（北宋江南东道歙州歙县人）与新黄山杨文等制笔大师为代表，以独特的制作技艺制作而成。南宋理宗时，徽州知府谢壁将汪伯立笔、澄心堂纸、李廷珪墨、羊头岭旧坑砚（即龙尾山旧坑砚、歙砚），作为"新安四宝"，一并列为进献朝廷的贡品。

二、毛笔的制作技艺

徽笔的制作技艺相当考究，仅一只笔头的制作就有72道工序之多。一般来说，徽笔制作技艺包括水作工艺和干作工艺两部分。其水作工艺流程主要有：选毛料、叠毛、去油脂、去皮脂和绒毛、齐毛锋、配毛料、梳整毛片、卷制笔柱、披笔被毛、扎笔根等；其干作工艺流程主要有：选笔杆、安装笔头、粘合笔头与笔杆、修笔头与定笔型、刻字等。

关键工序全凭艺人的手感、舌感和目测。笔尖粗细、长短、老嫩以及锋状均有讲究，工艺精致而富有韵味。学制毛笔，由师傅口传心授，学者反复实践、揣摩，入门难，精通更难。细细挑选，这是做笔的第一道工序——选毛。徽笔的制作技艺相当考究，仅一只笔头的制作，就有近百道工序。这其中"选料""齐毛""配料""粘合笔头"和"修理笔头"这5道工序又至关重要。

选料：制作徽笔选料是最重要的，其所用的材料都是用冬季的动物皮毛，因为只有冬季的动物皮毛，才能达到制笔所需毫毛的标准。

齐毛：右手握住牛骨板，左手握紧毛体的根部，然后用右手的大拇指按紧毛体的顶端，从长到短一根一根地拉齐，根据需要的长短把拉齐的毛体，从根部将多余的部分切除，形成平整的切面，再用单面锋刀轻轻剃去倒毛。

配料：一个笔头是由主毛、副毛、披毛搭配组合而成的，配料时按比例将主毛和副毛混合在一起，披毛则单独处理。

粘合笔头：笔头与笔杆的镶嵌要吻合，两者直径相差不宜过大，否则容易脱胶掉头，笔杆和笔头所使用的传统胶水为松香。

修理笔头：就是将毛笔头整个放置在鹿角菜汁里面，再除去多余的胶汁，用修笔刀清理残毛，用手把毛笔头修成圆锥形。

三、毛笔的制作技艺

徽笔选料精细，制作精致，命名精巧，生产过很多种套笔，有的以黄山、白岳、披云峰等名山命名，有的以新安江、渐江、练水等胜水命名，有的还以"银光""问政玉笋""金棚桂枝"风景古迹命名。套笔的用料十分考究，使用景德镇特窑专制的青花白底纹瓷笔杆，选各种兽毛做笔头，有时甚至要从一斤兽毛中筛选出百分之一做成一只笔头。徽笔以"尖、齐、圆、健"四德著称于世，含墨量多，易开合，控制墨液，宜书宜画，并能充分体现墨色的焦、浓、重、淡、清的效果。

中国传统的文房四宝——笔、墨、纸、砚，以毛笔为首。徽笔，发轫于宋代，一度被列为进献朝廷的贡品。由于历史上的徽笔产量极少，加之毛笔市场的急剧缩减，因此，徽笔及其制作技艺便日渐式微。

当前毛笔市场日趋萎缩，制作毛笔全都是手工活，繁复辛劳、社会地位低、工资待遇差，年轻人对学手艺活不感兴趣，久而久之毛笔制作业后继乏人，濒临危机。

宣纸制作技艺

宣纸是传统手工纸的杰出代表，采用产自安徽省泾县境内及周边地区的青檀树皮和沙田稻草，不掺杂其他原材料，并利用泾县的山泉水，在安徽省泾县内以传统工艺生产，具有纸质绵韧、搓折无损、吸水润墨、不腐不蛀等特点，是中国书法、绘画艺术的最佳载体，至今仍不能为机制纸所替代。因能保存上千年不蛀不腐，又是典籍珍藏的理想载体，从而赢得了"千年寿纸""纸中之王"的美誉。

一、宣纸的传说

相传在东汉末年，我国造纸"鼻祖"蔡伦死后，他的一位名叫孔丹的徒弟，见其师父的画像因日长年久，逐渐变色而遭虫蛀，十分痛心。心想如不及时修裱，师父画像将无法保存并流传于后世。于是孔丹决心制造出一种能抗老化、防虫蛀、避腐蚀、不走形、洁白如玉的上等佳纸来，重新修裱师父蔡伦的画像，以表缅怀。但要制造出上等佳纸，谈何容易，孔丹在经过无数次努力后仍未获得成功。但是，孔丹在失败面前并未灰心丧气，他打点行装，不辞劳苦，跋山涉水，决心遍踏青山绿水去寻找绝佳原料。一天，孔丹来到皖南泾县一带的山区，偶然发现山溪流水旁有一小堆洁白的东西随水漂流。他俯身低首，经过仔细观察、辨认，发现原来是一棵青檀树枝倾倒在山溪流水之中，随着流水的涨跌而长期被水浸日晒，使皮质变得洁白。孔丹因此受到很大启发，确定此原料为制造上等佳纸的原料而取用。于是，孔丹就在此居住下来，经过十多年的反复试验，历经千辛万苦，功夫不负有心人，他终于制造出当时最佳的纸张来。此后，孔丹就用这种纸张为其师父画像进行重新装裱、修补，使之流传于世，了却一生的心愿。孔丹研制的这种上等佳纸，因产地属唐时宣州郡，后来被人们称为宣纸。

蔡伦雕像

二、宣纸的发展

南宋绍定和端平年间（1228－1236），元伯颜围攻临安（今杭州），曹氏先祖曹大三率家人由太平、南陵辗转迁避泾县小岭定居。据清乾隆间重修的《曹氏宗谱》载：曹大三于宋末争攘之际、烽燧四惊，避乱由南陵之虬川迁至泾县小岭山区，分徙十三宅，当时因见系山陬无可耕土，因贻蔡伦术，以为生计。曹氏在小岭落户，迫于生计，欲生产名纸。据当地老人透露的祖上传言，当时皖南泾县小岭到处长有野生优质的青檀树，曹氏遂毅然试验，以青檀皮制作宣纸，加工原料，施行天然氧化漂白工艺，还配以部分沙田稻草精制纸浆，终于创制出洁白质优的宣纸。自此，泾县小岭曹氏一族，逐渐发展成宣纸工业中的佼佼者，曾一度垄断了宣纸的生产经营。宣纸技艺在泾县小岭曹氏一族的传承中，不断赋予其新意，使宣纸制造技艺不断成熟，从而在市场竞争中击败传统名纸，跻身于名纸之列。

三、宣纸的工艺流程

宣纸制法：在蔡伦造纸术的基础上，将青檀和稻草经过浸泡、剥皮、灰腌、洗涤、碱煮、漂白、打料、捞纸、榨干、焙火、整理、剪纸等108道工序处理，比一般手工纸的抄造细致得多，生产周期长达300天左右。其特点是：以温和的方式逐步剔除原料中的非纤维素杂质，而又保存纤维素大分子原有的结构形态。生产出的宣纸表面平匀，拉力适中、润墨性能极佳，使书画艺术尤其是写意画能够不受限制并得以尽情地发挥。

徽墨制作技艺

徽墨制作技艺是安徽省绩溪县、歙县、黄山市屯溪区地方传统手工技艺，国家级非物质文化遗产之一。徽墨是中国特有传统制墨技艺中的珍品，也是闻名中外的文房四宝之一。

一、徽墨的生产历史

徽墨的生产可追溯到唐代末期，历宋、元、明、清而臻于鼎盛。徽墨制作技艺复杂，如桐油、胡麻油、生漆均有独特的炼制、点烟、冷却、收集、贮藏方法，松烟窑的建造模式、烧火及松枝添加时间与数量、收烟及选胶、熬胶、配料和剂等也各有秘诀。

从现有史料来看，由于安史之乱，大量北方墨工纷纷南迁，导致制墨中心南移。易州墨工奚超父子逃到江南歙州，见这里松林茂密、溪水清澈，便定居下来，重操制墨旧业。他们父子造出的墨"丰肌腻理，光泽如漆"。

南唐时后主李煜得奚氏墨，视为珍宝。遂令其子廷珪为墨务官，并赐国姓李作为奖赏，奚氏一家从此更姓李。从此，歙州李墨遂名扬天下，世有"黄金易得，李墨难获"之誉，全国制墨中心也南移到了歙州。此后，制墨高手纷纷涌现，如耿氏、张遇、潘谷、吴滋、戴彦衡等，徽州墨业进入第一个鼎盛期。

到了明清时期，徽墨的制作进入盛世阶段。随着社会经济的迅猛发展，产量激增，制墨技艺也不断地进步，墨的图案绘刻和漆匣的装潢制作，都达到了登峰造极的境界。名工与名品层出不穷，形成了以罗小华、程君房、方于鲁为代表的休宁派。清代的徽墨制作有四大名家，即曹素功、汪节庵、汪近圣和胡开文，其中汪近圣和胡开文两位都是绩溪县人。他们对徽墨在原有的基础上进行了改进创新，终于制成了有如"金不换"的文苑珍品，其中龙香剂墨、天琛墨、仙桃核墨、紫薇恒星图墨、鱼戏莲墨、西湖十景墨、地球墨等均为绝世之作。这时期的徽墨按原料不同还可分为松烟、油烟、漆烟和超漆烟等品种，其中最名贵的是超漆烟等高级油烟墨。这类墨散发出紫玉光泽，用于书法色泽黝而能润；用于绘画浓而不滞，淡而不灰，层次分明，故受到历代书画家的推崇。

二、徽墨的制作技艺

徽墨的主要特点是：拈来轻，磨来清，嗅来馨，坚如玉，研无声，一点如漆，万载存真；丰肌腻理，砥纸不胶；落纸如漆，色泽黑润，经久不褪，香味浓郁。因此，徽墨不仅成为书画家们的文房之宝，而且还广泛应用于工业制图、装潢美术、印刷、医药和描瓷等领域。

徽墨的另一个特点是造型美观，质量上乘，这主要是因为使用墨模的缘故。南唐李廷圭造小挺双脊龙纹墨锭，就是用墨模压制而成。至宋以后，墨模大量使用，而且墨模绘画和雕刻都很讲究。

徽墨制作工艺有炼制松烟、清洗和胶、搅拌杵捣、捶打成型、修边晾干、洗水、填金、包装等工序，工艺复杂独特。炼制松烟的烟窑就山势斜卧于山坡，烟煤附于窑壁，冷却后扫下，现代用点烟机炼烟；入料之前，烟煤需先漂洗，筛除杂质；所有的制墨原料和胶以后，要竭力搅拌均匀，然后杵捣；杵捣后的原料，放在墨墩上用六磅锤翻打；翻打后的墨馃，按墨模式样称准重量分成小馃，在恒温板上搓成墨；挤压后的墨待冷却定型才能脱模；之后墨经修边后送入晾墨场翻晾，既记录了历史又弘扬了徽文化，为徽墨走向世界奠定了基础。

徽墨是以松烟、桐油烟、漆烟、胶为主要原料制作而成的，一种主要供传统书法、绘画使用的特种颜料。历代徽墨品种繁多，主要有漆烟、油烟、松烟、全烟、净烟、减胶、加香等。高级漆烟墨是用桐油烟、麝香、冰片、金箔、珍珠粉等十余种名贵材料制成的。徽墨制作技艺复杂，不同流派各有自己独特的制作技艺，密不外传。

徽墨制作配方和工艺非常讲究，"廷之墨，松烟一斤之中，用珍珠三两，玉屑龙脑各一两，同时和以生漆捣十万杵。"因此，"得其墨者而藏者不下五六十年，胶败而墨调。其坚如玉，其纹如犀。"

三、徽墨的传承价值

徽墨即徽州墨，其历代名家辈出，如曹素功、汪节庵、胡开文、詹云鹏、查森山、程君房等均系古徽州制墨名家。据考证，徽州制墨的肇始时间当不迟于唐，它是书画家至爱至赖的信物。古人曾云："有佳墨者，犹如名将之有良马也。"徽墨黑润有光、入纸不晕、舐笔不胶、馨香浓郁。

徽墨的墨模由能工巧匠雕刻出名人的书画，集绘画、书法、雕刻、造型等艺术于一体，成为一种综合性的艺术珍品。

近些年来，徽墨在继承传统工艺的基础上创新、发展；恢复了茶墨、青墨、朱砂墨、五彩墨和古香古色的手卷墨的生产，并增添、开发了新的品种。另外，将墨锭制成各种艺术形态并施以五彩，嵌在锦匣当中，以供人们鉴藏，是现代制墨业的一大特色。

随着社会进步，文房四宝的生存环境发生变化，逐渐失去使用价值，淡出人们的生活。传统的墨汁已经被化学墨汁替代，逐渐淡出人们的生活，更不用说使用范围狭窄的墨锭了。文房四宝行业面临着诸多困难，包括原材料紧缺、人才匮乏、生产方式落后、浪费大、成本高等问题。随着原料石楠树的砍伐增多，导致原料奇缺，价格疯涨，制墨企业的效益不佳。

在传统徽墨制作中劳动强度大、收益不高；特别是制烟环节，又脏又累，需在高温环境下工作，现在的年轻人很少有人愿学、愿干。而老一辈的制墨艺人逐渐年老去世，徽墨制作技艺的传承面临困难。

歙砚制作技艺

歙砚制作技艺是安徽省歙县地方传统手工制砚技艺，国家级非物质文化遗产之一。

一、歙砚的历史渊源

歙砚制作技艺在汉、晋时期已问世，至唐代名声日盛。五代后，歙砚更为世所珍重。

据北宋唐积《歙州砚谱》载：婺源砚在"唐开元中，猎人叶氏逐兽至长城里，见叠石如城垒状，莹洁可爱，因携之归，刊出成砚，温润大过端溪"。自此以后，歙砚名闻天下。

唐开成五年箕形歙砚，石质细润，色泽清纯，是早期歙砚的珍贵遗存。在南唐时期，歙砚大受宠遇，中主李景精意翰墨，宝重歙石，专门在歙州设置了砚务，选砚工高手李少微为砚务官；后主李煜对歙砚极为推崇，把歙砚、澄心堂纸、李廷圭墨三者称为天下冠。

宋代时歙砚获得很大发展，歙石开采规模扩大，歙砚精品不断涌现，名色之多、质地之细、雕镂之工，为诸砚之冠。1953年歙县宋代窖藏出土17块歙砚，石质与造型各异，制作巧妙，展现了歙石精美绝伦的面貌。据砚谱记载，宋时歙石名目有眉子纹7种，外山罗纹13种，水玄金文厥状10种，各种纹色灿然烂漫，诚如宋代书法家蔡君漠所赞："玉质纯苍理致精，锋芒都尽墨无声。相如闻道还持去，肯要秦人十五城。"诗中将歙砚与卞和玉相媲美，认为歙石价值连城。

元代以后，歙石开采时断时续，但成砚依然大量涌现，成为明清宫廷和士绅之家赏鉴流连的珍品。

中华人民共和国成立后，歙砚生产一度得到发展，金星歙砚重新问世。改革开放后，歙县和婺源县先后成立了歙砚厂、工艺厂、文房四宝公司等，从砚石开采、产品制作到装潢工种齐全，还挖掘了"豆斑""绿刷丝""歙红""紫云"等新品种。20世纪80年代中期后，歙砚进入全国制砚行业前列。

二、歙砚的制作技艺

歙砚制作有六大工序：选石就是砚石的石质鉴定过程，采用"看、摸、敲、洗、磨、刻"等方法鉴定出石质优劣后，将符合制砚标准的优质砚石挑选出来。好的砚石应具有一定的体积，硬度、粒度适中，不能有石筋和隔。有的石料需要按照规格、工艺的要求进一步加工，锯成一定形状，经适当打磨后成为砚坯。

设计是砚台制作过程中极其重要的关键性工序，作品的成功与否某种程度上取决于设计能力的高下。歙砚雕刻讲求因材施艺，天然造化，因此设计过程中要反复比较和观察石料的形状、质地、颜色与纹理，充分发挥自己的想像力，选择最佳的雕刻主题。按砚坯形状大小、质地优劣、纹色变化等赋予不同图案,并将图描于砚坯上(如胸有成竹,也可用铁笔直接在砚坯上勾画),以便循图雕刻。

砚雕是一种艺术创作,与书法、绘画同理。砚雕的一般要求是掩疵显美,不留刀痕。根据内容选择刀法,或奔放、刚劲,或细腻、含蓄,应刚柔相济,把握好轻、重、疾、徐等。工序分凿刻(打坯)和雕刻(出细)两步,先将水池、砚池、覆手凿成后,再用雕刀修饰。砚台的比例合理、主体突出、层次分明、线条流畅,有些砚还要刻上铭文和印章等。

砚刻完成后,砚面和图案须磨光,先用细油石将砚通磨一遍,再用细砂纸水磨至手触无铠为止。一件砚作能否平整匀顺、光洁透彻,关键在于打磨(磨光),一定要认真对待这项工作,不能有丝毫马虎。打磨不干净或打磨的方法不恰当,会使砚作受损,功亏一篑。

一件砚作完成后,应当施以一层薄油养护。按照传统应选用核桃油为佳,欲砚一般不做封蜡处理。歙砚均须配砚盒,以保护图饰和铭文,防止尘埃入砚,且对砚起装饰作用。砚盒以各种材质的木料为主,不宜采用比砚更硬的金属或其他材料制盒。除了配制砚盒外,还包括一些后期的包装工作等。

歙石石质优良,莹润细密,有"坚、润、柔、健、细、腻、洁、美"八德。嫩而坚,砚材纹理细密,兼具坚、润之质,有涩不留笔、滑不拒墨的特点;扣之有声,抚之若肤,磨之如锋,宜于发墨,长久使用;砚上残墨陈垢,入水一濯即莹洁,焕然如新;被誉为"石冠群山""砚国名珠"。

歙砚的制作以雕刻艺术为中心,砚雕分徽、粤、苏三大流派,而歙砚所属的徽派素以精细见长,所雕瓜果、鱼龙、殿阁、人物,无不神态入微。歙砚的雕琢,有浓厚的地方风格。一般以浮雕浅刻为主,不采用立体的镂空雕。但由于受到砖雕的影响,之间也会出现深刀雕刻。歙砚利用深刀所琢的殿阁、人物等,手法比较细腻,层次分明,而砚池的开挖也能做到相互呼应,因而显得十分协调。

三、歙砚的传承价值

作为文房四宝的代表，歙砚因其历史悠久、品质精良、造型典雅、风格独特而驰名中外。歙砚不仅具有实用价值，而且具有极高的欣赏价值，历来被人们视为艺术珍品。歙砚的传承价值主要体现在以下 5 个方面：

1. 历史价值：歙砚至今有一千二百多年甚至更长的历史，长期以来，作为一种重要的文化载体，承载了中国千年来书画文化的发展，书写并记录了中华民族的历史，为彰显中华文明发挥了巨大作用。其不仅是书写工具，翻开歙砚史，多少文人墨客无不视为至宝，留下众多雅闻逸事。

2. 工艺价值：歙砚的石品含而不露、美而不艳，石品天然生成于砚石，是砚石中美妙之精华。歙砚制作技艺具有浓郁的徽州文化特征，造型独特兼具石质优、发墨好、雕琢精致、耐人品鉴等特点，这也是歙砚别具一格、区别于其他名砚而成为最具代表性的砚艺特色。

3. 艺术价值：歙砚诞生和发展在古徽州，徽文化的深厚底蕴为其制作提供了丰富的资源和坚实的基础。从古至今，歙砚经过历代传承和创新，技法和设计吸收了传统之精华，又弃其俗气、匠气，逐步从实用性向艺术性、欣赏性、收藏性转移，使这项传统工艺更具收藏价值。

4. 文化价值：歙砚文化是中华民族优秀文化遗产的组成部分，歙砚文化宝库里，不仅有歙砚的历代著述、诗词，还有许多与歙砚有关的传说、故事、书画等。歙砚艺术凝聚了千百年来劳动人民的聪明才智，同时也与历代文人雅士赋予歙砚以丰富的文化内涵分不开。

5. 交流价值：歙砚是我国历代重要的书写工具，也是文化交流、传播的使者，在促进社会文明进步和对外交往中发挥了重要作用。党和国家领导人出访时，多次把歙砚作为高级礼品赠送国际友人。源远流长的中外文化交流，为传播中华民族文化艺术，增进我国与外国的相互了解和友谊起到了积极作用。

界首彩陶烧制技艺

界首彩陶烧制技艺是指安徽省界首市的民间传统制陶技艺。界首彩陶属于低温釉陶，经过近千年的演变，至今依然保持了古老的风韵。

一、界首彩陶的起源

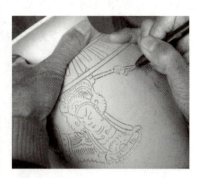

陶器的发明，距今已有千年的历史。最初制作的低温彩陶，就是我们智慧、勤奋的先民创作出来的。他们是把土当作制陶的原料，陶窑是自己在土地上挖掘地穴而成。陶器创作出来，也是代表着那个时代固有的新特征，即表示着新石器时代已经到来。此时期的陶器，在造型上有种淳厚丰满的视觉效果，在比例上也呈现出和谐的形态，还有在纹样内容上透出简明、慷慨的气势，在光泽度方面突显出透亮、秀丽，而且在用途上也有着实用性的特征。

随着制陶技艺不断地传承，到了隋代时，安徽界首就开始制作自己的彩陶了。到了唐代，由于与唐三彩的产地——洛阳为邻，因此界首彩陶吸收了唐三彩的风格与技术手法，烧制出了界首当地特有的三彩刻花陶。

从过去的烧制一直到今天，由于界首彩陶不断地发展与变化，界首彩陶由之前单一的三彩刻花陶，已慢慢转为现在丰富多彩、形式多样的三彩刻画陶。不过，其仍然保存了界首彩陶特有的蕴含古朴韵味的造型与装饰艺术。

二、界首彩陶的衍变

界首彩陶烧制技艺的成型期为元仁宗延祐年之后至明晚期：其制作工艺与北方先进制瓷技术相结合，同时吸收了木版年画、剪纸贴花的造型，逐渐形成了以刻划为主的装饰风格。

界首彩陶的发展期为清晚期至民国：在继承前期制陶技艺的基础上，受到当时戏曲艺术发展的影响，纹饰的内容更加丰富多彩。除了花鸟鱼虫外，出现了很多脍炙人口的戏剧人物故事形象，特别值得关注的是出现刻有诗文字和纪年款的图案。

界首彩陶的成熟期为1949至1960年：这一时期界首彩陶烧制技艺从练泥、拉坯、修坯、刻花到施釉烧制，已经形成规范的生产工艺流程和严格的操作规范，使界首彩陶的发展达到鼎盛。

界首彩陶的兴盛期是1960至1980年：这个阶段界首彩陶实现了三个突破：一是界首彩陶传统工艺与现代美术工艺的结合使其更具有时代特色，二是实现了彩釉雕塑零的突破，三是造型、釉水和烧窑温度上的突破。

界首彩陶的辉煌期：2006年该制作技艺经国务院批准被列入第一批国家级非物质文化遗产名录，制陶匠人王京胜、卢群山先后被认定为该文化遗产项目代表性传承人。界首彩陶烧制技艺从不外传的家族式手工作坊的传承过渡到开放性交流与合作生产，形成了百花齐放、百家争鸣的生产盛况。

三、界首彩陶的艺术特点

界首彩陶体现了农民敦厚朴实的性格和大拙大巧的审美意趣，反映了中国民间艺术崇尚自然、追求和谐的审美趋向。界首彩陶烧制技艺秉承了唐三彩遗风，又吸收了剪纸、木版年画的艺术风格，历经千年自成流派。

界首彩陶的造型：界首彩陶的造型多以圆形为主，其决定因素有两点：其一，源自于当地的民间风俗。"陶"有"掏"之谐音，"圆"有"团团圆圆"之寓意，二者结合，即为掏个团团圆圆。据传，颍河一带盛行嫁娶之时女方必陪嫁一件三彩陶坛的习俗，圆形的陶坛上刻有牡丹、梅花喜鹊、莲花鲤鱼等内容。牡丹象征富贵，梅花喜鹊寓示喜上眉梢，莲花鲤鱼则有连年有余之意。这些大众喜闻乐见的题材，无一不体现当婚新人对美好生活的向往。其二，圆形陶器要比其他形器的容量大，实用性更强。在烧制过程中，圆形陶器不易变形。

刻画与剔花工艺：目前发现最早的界首彩陶剔花工艺是在明代。界首彩陶刻画与剔花工艺，集刻、划、剔之大成，具有很强的视觉冲击力，成为界首彩陶的主要装饰技法。界首彩陶饰以两层化妆土，在刻画过程中吸收了瓷器的开光技法。在刻画题材上，除以生活中的花、鸟、鱼、虫为创作对象外，还着重吸取了传统戏曲中的艺术元素，以场景的形式表现画面，卢山义的"刀马人"系列是其代表。

在表现技法上，运用了剔、刻、刮等手法，使画面肌理更加丰富，主题更加鲜明。在刻画的基础上，用锋利刀具小心剔除生坯表面的第一层白土，从而形成浅浮雕效果，烧制后的底部色彩呈现出赭、黄两种对比色。

界首彩陶的烧制：界首彩陶属于低温釉陶，需经过两次烧制而成，即素烧和釉烧。素烧温度一般在摄氏 700~800 摄氏度，素烧后的坯体呈现枣红打底，黄色为主的色调，古朴淡雅。素烧后便可进行釉烧，即在素陶坯体施以有铅、二氧化硅等配成的低温釉料，并根据画面需要进行点釉装窑。釉烧温度约 1 000~1 050 摄氏度。经过两次烧制后的界首彩陶呈现出红、黄、绿三色，釉色圆润饱满，流光溢彩，呈现出一种富丽堂皇的雍容气度。

大救驾制作工艺

安徽寿县历史悠久，文化灿烂，民风淳朴，以楚文化和沿淮文化为特色的民间艺术积淀尤为深厚。寿县名细糕点大救驾，已有千年历史。不仅历史悠久且还有一个家喻户晓、妇孺皆知的传说——赵匡胤困南唐。赵匡胤困南唐的故事广泛流传于江淮地区，大救驾的传说又是其中的一部分。

一、大救驾历史由来

公元 956 年，后周世宗征淮南，命大将赵匡胤率兵急攻南唐（今寿县）。南唐守军誓死抵抗，战斗激烈，赵匡胤久攻不下，差点儿误了军机。历经 9 个月的围城之战，赵匡胤终于打进了寿县。由于操劳过度，赵匡胤一连数日，水米难进，急坏了全军将士。这时军中一位厨师，向寿县有经验的厨师请教后，采用优质的面粉、白糖、猪油、香油、青红丝、橘饼、核桃仁做主料，精心制作成带馅的圆形点心，送进帅府。赵匡胤只觉一股香气袭来，再看桌上摆着的点心形状美观，不觉心动。他拿起一个放进嘴里，只觉香酥脆甜十分可口。再仔细看那馅心，有如白云伴着彩虹一般美丽清爽，于是一连吃了好几个，身子顿觉增加了力气。此后，他很快恢复了健康，还率领军队又连续打了几个大胜仗。后来，赵匡胤黄袍加身，当上了大宋朝的开国皇帝，不时谈起南唐一战，对在寿县吃的点心总有念念不忘之意。他曾对部下说："那次鞍马之劳，战后之疾，多亏它从中救驾呢。"于是便叫这种糕点为大救驾。

二、大救驾的制作工艺

大救驾呈圆形，外皮花酥一层层叠起，犹如金丝盘绕，饼中间呈急流漩涡状，色淡黄。其配方如下（单位：公斤①、市斤②或市两③）：

1. 皮料：富强粉24.2、白油4、清水10。
2. 酥料：富强粉16.2、白油8.1。
3. 馅料：白糖20、冰糖4、桃仁1.25、红绿丝1.25、糖桂花1.25、橘饼1.25。
4. 炸油：麻油耗16。

大救驾工艺流程如下：

1. 制皮：先将水、油、糖搅拌均匀，再加入面粉制成均匀、光滑的面团，盖布回饧。
2. 制酥：将油、面拌匀。
3. 包酥：按皮95克、酥55克进行小包酥，经擀、折包好后，卷成长条备用。
4. 制馅：将白糖、猪油在一起拌匀、擦透，然后将各种小料切碎擦拌均匀即可。
5. 包馅：将包酥后卷成的长条，顺长切成两半，做成明酥，刀口切面向上，按扁后擀成圆片，包入馅心。包好后每只重125克，用手拍成直径7厘米的圆坯即可。
6. 炸制：将生坯放在铁筛内，留一定间距，放入130℃热油中，炸至外壳发硬，表面呈淡黄色即可。

制作技艺：

1. 取面粉5 000克，用2 000克和熟猪油和成油酥面团；将余下的面粉用温水和少量猪油和成与油酥面团软硬一致的水面团。
2. 将白糖、冰糖、果料、青红丝和在一起拌匀即成馅料。
3. 将和好的两种面团按规定的重量各下成剂子。把油酥面剂团揉成圆形，再将水面剂压成圆片，把油酥面团包入水面圆片内，用擀杖擀成椭圆形薄片。从中段卷起呈圆筒形，

---

① 1公斤=1 000克。
② 1市斤=500克。
③ 1市两=50克。

再按扁后放在案板上用擀杖擀成扁长条，再将扁长条横卷起，从中一切两段。把切断面向上放在案板上，按平擀成两个圆片，将调好的糖馅包入封口，按成圆饼，即为大救驾生坯。

4. 将做成的生坯，放入烧热的芝麻油锅中用慢火炸透即为成品。

三、大救驾的传承

随着古城寿县旅游业的升温，大救驾美食被更多的人们所喜爱。这也让人们产生了一丝隐忧。传统作坊生产的大救驾，都是在临街支个门面，现作现炸，卫生很难保证，反复用油，对健康不利。加之包装简陋，不能实现较长时间的保存，产品的生命力和销售都受到了影响，很难把这一传统美食发扬光大。

随着形势的发展，人们越来越重视绿色、健康、环保的生活和饮食。大救驾这种重油、重糖的传统名点受到了挑战。如何在保持传统风味的基础上对大救驾进行一场"革命"，许多经营者做出了努力：改进口味，用特殊工艺减少含油量，一次性用油，不反复用油，更加符合现代人健康需求；改进包装，实行高温灭菌，上马高温灭菌生产线，实行机器包装，使保质期延长到160天左右，更加卫生、健康，适合外出携带；改进外观设计，突出国家历史文化名城特色，突出产品的人文气息，使之成为旅游和馈赠亲友的首选礼品，增加了市场的竞争力。

在保持传统特色的基础上，有的经营户还在大救驾的口味上进行创新，增加豆沙、草莓、哈密瓜、香橙、枣蓉、凤梨等原料，让口味更加多样化，使消费者有更多的选择空间。

现在，大救驾已被列入安徽省非物质文化遗产保护名录，有志于在大救驾传统名点保护和传承的经营户——朱庆国经过考察，成为大救驾传统技艺的传承人。寿县寿西湖饭店管理有限公司开发的"寿西湖"牌大救驾荣获全国旅游十大金牌小吃。芈八子公司在古城寿县南大街建起大救驾博物馆，让大救驾这种传统名点传播得更远，品牌效应更加凸显。

绿茶制作技艺

霍山黄芽是历史名茶，史料记载，早在唐代其就被列为贡品，时为饼茶，直到明朝时才改为散茶。当然这都是历史，还有很多都有关霍山黄芽的知识在今天都无从考证，然则并不影响霍山黄芽在茶叶历史中的地位。

一、霍山黄芽茶区分布及产量

安徽省六安市霍山县地处北亚热带湿润季风和温带半湿润季风的过渡地带，海拔1 774米的大别山主峰白马尖雄踞县内。特有的地形地貌形成了独有的大别山气候，其特征为：气候湿润，四季分明，无霜期长，光、热、水条件优越。霍山县地处大别山北坡，位于北纬31°03′～31°33′，东经115°52′～116°32′，地貌类型比较复杂，集山区、丘陵为一体，境内自然资源丰富，茶叶产品较多。其中名优茶以霍山黄芽为主，它是历史名茶，唐朝即为贡品，久负盛名，享誉大江南北。

1991年霍山黄芽产量71.4吨，产值232.2万元；1994年，产量450吨，占全县茶叶总产量的20.5%，产值1 350万元，占全县茶叶总值的56.3%。到2002年，霍山黄芽产区主要分布于县内的大化坪、白莲岩、磨子潭、漫水河、太阳、太平、上土市、道士冲、落儿岭9个乡镇，年产黄芽257.1吨，产值1 992.3万元，分别占全县名优茶产量、产值的36.7%、39.5%。其中大化坪镇的金鸡山、姚家畈（乌米尖），太阳乡的金竹坪是全县三大黄芽产地，所制黄芽茶品质优异，风味独特，年产量占霍山黄芽比重逐年增加。到2018年，全县茶叶总产量7 800吨，总产值4.59亿元。其中，中高档霍山黄芽产量1 400吨，产值2.7亿元。

二、霍山黄芽制作技艺的演变

霍山制茶历史起源于西汉，当时是将鲜叶蒸后捣碎制成饼，将茶饼穿孔，连串烘干，去其青气，但饮用时仍有苦涩味。后来通过洗涤鲜叶，蒸青压榨，去汁制饼，茶的苦涩味降低。

自唐代至宋代，贡茶兴起，随之成立了贡茶院（制茶厂）研究制茶技术，促进了茶叶生产技术的不断改进。

唐朝霍山黄芽属蒸青饼茶，其制作工艺为：蒸茶→解块→捣茶→装模→拍压→出模→列茶→晒干→穿孔→烘焙→成穿→封茶。其中选择"一芽一叶"或"一芽二叶"初展鲜叶制成的饼茶上贡朝廷，当时被封为十四品目贡茶之一。

宋代制茶技术有较大的发展，在制团片茶时，首先将鲜叶采回，浸泡水中，挑选完整芽叶进行蒸青，蒸后用冷水清洗，保持绿色，提高产品质量；然后小榨去水，大榨去汁，去汁后，在瓦盆内兑水研细，再装模压饼，烘干。由于在加工过程中，榨去汁而夺走真味，影响茶香味，加工费时费工，这就促使了蒸青散茶的出现。逐渐采取蒸后不揉不压，直接烘干的做法，保持茶的香味。元代王桢在《农书·卷十·百谷谱》中，对当时蒸青散茶工序详细记载，"采讫，一甑微蒸，生熟得所。蒸已，用筐箔薄摊，乘湿揉之，入焙，匀布火，烘令干，勿使焦。"

宋代至元代饼茶和散茶并存，到了明代，朱元璋于1391年下诏，废团饼茶兴散茶，使蒸青散茶大为盛行。制茶工艺逐渐改革，明代炒青绿茶制法日趋完善，在《茶录》《茶疏》《茶解》中均有详细记载：高温杀青，揉捻，复炒，烘焙至干。

到了明代隆庆年间，由于制作不当创制了黄茶。许次纾《茶疏》云："天下名山，必产灵草，大江以北则称六安，然六安乃其郡名，其实产霍山大蜀山也……顾彼山中不善制造，就食铛火薪炒焙，未及出釜其已焦枯，讵堪用哉，兼以竹造巨笓，乘热便贮，虽有绿枝紫笋，辄就萎黄，仅供下食，奚堪品斗。"焦味和闷黄正是霍山黄大茶的独特特征，霍山黄大茶是黄茶的典型代表之一。霍山黄芽当时作为贡茶，焦味是不行的，为了提高品质，在毛火后七成干左右，进行摊放闷黄一天左右再烘干。其清香持久，滋味醇和。明清时代被列为御用贡茶。

民国时期取消贡茶，霍山黄芽曾一度失传。到了1972年霍山县政府决定恢复生产霍山黄芽，经过霍山县茶叶技术人员的努力，逐渐形成霍山黄芽加工工艺。其手工工艺为：杀青（生锅）→理条（熟锅）→毛火→摊放（闷黄）→足火→拣剔→复火→装箱等，形成了霍山黄芽嫩绿微黄，形似雀舌，汤色黄绿，滋味浓厚鲜醇，清香持久的独特品质特征。

1949年前，霍山县的制茶方法均为手工制作；1949年后，霍山黄芽以外的不少品种改为机械加工。1995年，霍山茶叶栽培站引进柴煤式名茶加工机械，按照霍山黄芽的品质特点，成功试制霍山黄芽，首先在霍山农科所推广使用。次年推广至白莲岩、黑石渡2个乡镇，后逐步推广至全县。但在推广机制霍山黄芽的同时，精品霍山黄芽还是以手工制作为主。

三、霍山黄芽手工制作的工艺流程

霍山黄芽手工制作的工艺复杂，但却确保了其品质的优良，具体操作如下：

鲜叶处理→杀青→作形→摊凉→初烘→闷黄→复烘→摊放→拣剔→复火→装箱。

1. 鲜叶采回后，除去老叶、茶梗、杂质及不符合标准的鲜叶，将鲜叶薄摊在团簸内，晴天3小时左右，阴雨天4～6小时。

2. 杀青（生锅）：锅温120～130℃左右，投叶量每次20～30克，用芒花把在锅内进行挑、拨、抖，待充分散失水分，叶色由绿变为暗绿，即可出锅。

3. 做形（熟锅）：锅温100℃左右，用"芒花把"在锅内进行拨、抖、捻，主要是做形，使芽叶绉缩形似雀舌，发出清香即可出锅。

4. 摊凉：摊放时间15分钟左右，厚度1厘米，待叶冷软上烘。

5. 初烘：温度120℃左右，每烘笼投叶量4～5锅杀青叶，采取高温、勤翻、快烘，2分钟翻一次，烘至稍有刺手感，七成干时下烘。

6. 闷黄：是霍山黄芽的关键措施，毛火下烘后，趁热摊放于团簸内，厚度10厘米左右，覆盖八成干的棉湿布，摊放8～10小时，直至叶色微黄，花香显露。

7. 复烘：温度90℃左右，投叶量0.5～0.75千克，3～4分钟翻一次，动作要轻快，时间约15分钟，烘至九成干。

8. 摊放：是霍山黄芽黄色、黄汤品质形成的延伸，摊放时间2～3天，至茶色为黄绿润泽。

9. 拣剔：拣去飘叶、黄片、芒花毛及杂质等。

10. 复火：是茶叶香气高低的关键工序，温度在75～80℃，每次投叶量1.5～2千克，翻烘要轻、快、勤，直至手捻茶叶成末，茶香浓郁，白毫显露，下烘。

11. 装箱：复火后的成品茶趁热装筒密封，装箱。

四、霍山黄芽制作设备

霍山茶叶制作经历了2 000多年的手工制作阶段，现在的霍山黄芽是手工制作和机械化制作两种制作方式并存。

传统手工制茶器具有：

霍山黄芽手工炒制，器具有：普通铁锅（牛二或牛三型号），用长二市尺（约66厘米），直径4～5厘米的芒花把。烘笼采用毛竹篾编，小的一般高50厘米，围经65厘米，烘心直径60厘米，大的一般高70～75厘米，围经135厘米，烘心直径113厘米左右。还有辅助器具团簸、篓簸、木炭火盆等。

自左至右：团簸、篓簸、烘笼

制茶铁

芒花把

豆腐传统制作技艺

豆腐是一种风靡世界的大众美食。以豆腐为载体，从精神和物质两个层面，研究豆腐的发明、制作工艺、传播影响以及与豆腐有关的风尚习俗、艺文故事等文化现象，已形成内容丰富的豆腐文化。

一、豆腐的起源

明朝李时珍《本草纲目》记载："豆腐之法，始于汉淮南王刘安。"五代谢绰《宋拾遗录》载："豆腐之术，三代前后未闻。此物至汉淮南王亦始传其术于世。"南宋大理学家朱熹也曾在《素食诗》中写道："种豆豆苗稀，力竭心已腐；早知淮南术，安坐获泉布。"诗末自注："世传豆腐本为淮南王术。"

淮南王刘安，是西汉高祖刘邦之孙，公元前164年封为淮南王，都寿春（即今安徽寿县）。传说刘安爱好神仙黄白之术，欲求长生不老，不惜重金招贤纳士，其中较为出名的有苏非、李尚、田由、雷波、伍波、晋昌、毛被、左昊八人，号称八公。刘安与八公长年在山上炼丹以求长生不老。他们取山中"珍珠""大泉""马跑"等名泉之水磨制豆汁，又以豆汁培育丹苗，不料炼丹不成，豆汁与盐卤化合成一片芳香诱人、白嫩的东西。八公中一位大胆地尝了尝，觉得很是美味可口，连呼"离奇，离奇"，这就是八公山豆腐的肇始。八公山豆腐初名"黎祁""来其"即惊叹语"离奇"之谐音。北山从此更名八公山，刘安无意中成为豆腐的始祖。

寿县豆腐制作历史悠久，当地曾出土一件西汉时期用于磨制豆浆的陶质水磨模型，就是一个有力的例证。自豆腐传入民间以后，寿县八公山乡的山民以此为生，世代相传，继承和完善了传统豆腐生产的技艺，制作豆腐的技术达到炉火纯青的地步。

二、豆腐的制作技艺

寿县位于安徽省中部,淮河中游南岸,八公山南麓。豆腐发源地在八公山乡,海拔一般在 200 米以下,主峰白鹅山海拔 241 米,为全县最高点。山上树木茂盛,山下长年泉水淙淙流淌。有珍珠泉、玛瑙泉、大泉、涌泉、瑞泉、碧砂泉、岚秀泉、浣翠泉、云宾泉等 24 个名泉,泉水清冽甘甜,富含多种微量元素。玛瑙泉、大泉两泉间距 500 米,泉水清澈味醇,久旱不涸,是制作八公山豆腐的主要水源。用这种水磨制的豆腐,既无北豆腐的苦味,又无南豆腐的涩味,口感好。清代吴育《珍珠泉记》载:"珍珠泉……而造豆腐者其资焉,色白而质良,风味尤胜。"科学解说了寿县豆腐所具有的色、质、味俱佳的特殊原因。

八公山西南为船官湖和东台湖,由于两湖所处淮、淝低洼地,土壤肥沃,各种营养元素齐全,特别是硒、硼等微量元素含量高,对大豆品质的提高有很好的作用。根据检测,蛋白质含量和油脂含量较其他地方出产的大豆高出 2%~5%,是生产八公山豆腐的首选原料。优质的黄豆为八公山豆腐提供了绝佳的原料,这就是寿县八公山成为豆腐发祥地的地理之利。

寿县豆腐的制作技术自西汉流传于世后,在漫长的岁月中,不断继承和完善,形成了一套完整的制作工艺。主要包括:

1. 选料。选取产自船官湖和寿西湖的黄大豆,将大豆中的烂、坏、瘪豆一一拣去。

2. 浸泡。取寿县八公山乡的大泉、玛瑙泉和珍珠泉水,浸泡黄大豆,使纤维软化,蛋白质容易溶出。技师们根据季节、温度,确定浸泡的时间,一般 5 小时左右。

3. 磨浆。将浸泡好的黄大豆,掺兑八公山泉水,用石磨研磨成均匀的浆汁。磨浆多用石磨,特别是紫金石石磨更是磨中上品,做出的豆腐色泽美观,质地好,对大豆中水溶性蛋白质破坏小。

4. 挤浆。将磨好的浆汁放入"布口袋"中,用力挤压出(左右晃动,俗称"晃单")生豆浆。

5. 煮浆。将生豆浆放入土灶大铁锅，高温烧煮。这是凝固的准备阶段，使豆浆中的蛋白质加热变异。煮浆时，观察其表面的色变情况，直到浆上无沫，豆浆煮透，无黄豆浆味。

6. 点膏。在热豆浆中兑入严格计量比的石膏，并冲浆两次。

7. 蹲脑。又叫"养花"，就是让豆浆静置10分钟左右，待豆浆凝固，再除去残存其上的淡黄色泡沫。

8. 压单。又叫"绢包"，将豆腐脑放入垫有棉白布的容器中（通常是篾制的），包裹严实，将容器依次摞上，进行压制，这是使蛋白质凝胶更好更均匀地接近和粘合，同时强制排出豆腐脑中的多余水份，使其成型。

9. 制成。经过几小时冷却后即成嫩白的豆腐，掀开白布包裹，用铜制的宽而薄的刀片分成各式形状的豆腐。

用传统工艺制作出的寿县八公山豆腐晶莹光泽，洁白细腻，清爽滑利，鲜嫩味美。水晶晶、亮晃晃、颤巍巍，棱角分明，不散不碎。凉拌滑溜爽口，煎炸烹煮咸宜。尤其烧汤有三绝：热汤上桌，汤中豆腐片可随热气在盆中漂浮，俗称漂汤；汤呈乳白色，俗称奶汤；汤及豆腐鲜美可口，俗称鲜汤。配以其他食品和佐料可做成风味各异的上百道佳肴的豆腐宴。豆腐美食还吸引了合肥、南京、上海等地的游客，就连德国、英国、日本、荷兰、捷克、斯洛伐克的宾客和港澳台同胞也纷至沓来，到古城寿县或八公山下，品尝"宝鼎生香""四喜豆腐""寿桃豆腐""饺子豆腐""菊花豆腐""金钱豆腐"等400余款造型逼真、风味独具的豆腐菜肴。

三、豆腐文化与传播

以豆腐为载体，由饮食渗透到人类精神领域。民间流传的豆腐故事、歌谣、谚语、歇后语，是劳动人民的创造，是豆腐文化的源头。豆腐成就了它独特的文化价值，已成为古城寿县骄人的文化品牌和文化符号。

汉乐府诗中写道："淮南王，自言尊，百尺高楼与天连，后园凿井银作床，金瓶银绠汲寒浆。"此处的寒浆即豆浆。元代诗人张劭的《豆腐诗》对于豆腐的制作和描写，读起来更是琅琅上口："漉珠磨雪湿霏霏，炼作琼浆起素衣。出匣宁愁方璧碎，忧羹常见白云飞……"

明代景泰年间十才子之一——海宁人苏平在《八公山豆腐》一诗中云:"传得淮南术最佳,皮肤褪尽见精华。一轮磨上流琼液,白淋汤中滚雪花。瓦罐浸来蟾有影,金刀剖破玉无瑕。个中滋味谁知得,多在僧家与道家。"

诗词歌赋还有大量歌咏豆腐的篇章,或以物抒情,或借物咏史,不一而足,值得细细品味。而民间关于豆腐的歇后语、俚语也是豆腐文化不可或缺的一部分。如小葱拌豆腐——一清二白,比喻做人清白。豆腐掉进青灰里——打不得,拍不得,道出了对某些人和事的无奈。看别人吃豆腐,自己牙快,是一种跃跃欲试的心理。鸡刨豆腐,喻办事马虎。刀子嘴,豆腐心,喻心地善良,心直口快。白菜豆腐保平安,是一种随遇而安,恬淡闲适生活的写照……

唐天宝12年(公元757年),鉴真东渡日本,带去豆腐制作方法。至今日本的豆腐包装袋上还有"唐传豆腐干黄檗山御前淮南堂制"的字样,而且许多豆腐菜谱直接采用汉名。如"元月夫妻豆腐""二月理宝豆腐""三月炸丸豆腐""四月烤串豆腐""五月团鱼豆腐",等等。继日本之后,朝鲜、泰国、马来西亚、新加坡、印尼、菲律宾等周边国家也从中国学到豆腐制作技艺。到了宋代,豆腐作坊如雨后春笋般地出现。19世纪初豆腐传入欧洲、非洲和北美,逐渐成为世界性的食品,成了中国进行对外文化交流的历史见证。

明清时期,寿县八公山地区有陆家班、来家班、黄家班等多个生产世家。"文革"前,八公山大泉村716户,家家会做豆腐,其中452户为经营专业户,日产(销)量5万余斤[①],成为远近闻名的豆腐村。今天的八公山中国豆腐村尚有豆腐作坊20余家,供应当地与合肥、淮南等周边城市的需求。20世纪90年代以来,传承人陆成金、胡学兵、顾永忠等专职从事豆腐制品的生产、销售,张士宏从事豆腐宴的烹饪和研发。20世纪90年代开始,寿县与历史上同处一地的淮南市共同主办多届"中国豆腐文化节",加强了与海内外友人之间的文化和经济交流。

---

① 1斤=500克。

第七章 民 俗

肘阁抬阁

肘阁抬阁是集舞蹈、音乐、戏剧、绘画为一体的综合艺术形式。

一、肘阁抬阁的起源

肘阁抬阁相传早于明代就有，至今已有500多年历史。抬阁是由2～8人抬着一些固定在铁支架上、穿着戏服的小演员，按照规定的角色表演一些动作。肘阁从抬阁演化而来。由表演者和执撑者两部分组成。执撑者多为青壮年，身负一个制好的铁支架，在身上绑牢。身穿道袍遮掩，铁架从一袖筒中露出。根据节目内容，选择以鲜花、瓜果、禽鱼、器皿、兵器等装饰铁架，以假乱真，给人错觉。表演者均选4～6岁少儿，扮作戏剧、传说、故事人物，公母榫眼与执撑架相扣。此种艺术形式，上下配合、灵活方便、边走边舞、可行可停、可下架休息。因其新鲜、奇巧与灵活，深受群众的喜爱。节目多取材于戏剧故事、传说，如《刘全进瓜》《孙悟空盗桃》《天女散花》等，演出时由民族器乐八音班伴奏（包括锣、钗、大鼓、小鼓、笛等），演奏民间小调、地方戏曲音乐，喜庆、欢乐、奔放，具有浓郁的乡土气息和地方特色。

据介绍，肘阁抬阁从清朝道光年间开始兴起，繁荣于清末民初。肘阁是一人顶，抬阁是多人抬，体现了高、难、险、美等特点，多表演民间传统节目。身着戏服、脸涂油彩的小演员站在有民舞技艺的青壮年男子负载的支撑物上进行表演。支撑者在打击乐的伴奏下，踩着鼓点节拍，且行且舞，走着"龙摆尾"步、"秧歌"步和"剪子股"步等民间舞步，小演员在上面根据戏剧、故事情节，舞刀弄枪、拂尘甩袖，好不热闹。

肘阁抬阁的发展历史源远流长，道路也颇为坎坷。在临泉生活多年的老一辈人回忆说，民国二十年的庙会上，就有了肘阁抬阁表演，其中肘阁规模多达三十余架。那时候，人们还在肘阁的基础上发展了抬阁和穿心阁等类似的表演形式，受到广大老百姓的欢迎。"文革"期间，肘阁抬阁被视为"四旧"，铁架被拆、戏服被毁，一半多的道具遭到不同程度的损坏，肘阁抬阁发展也进入了低谷期。

改革开放后，社会面貌焕然一新，人们的思想观念得到解放，肘阁抬阁也得以新生。物质生活富裕后，强烈的精神文化需求随之而来，于是在一些大型集市和庙会上，又出现了肘阁抬阁的身影。每当表演队伍一出场，尾随围观的人群络绎不绝。

肘阁抬阁是一项高超技艺，需要演员之间的完美配合，更需要苦练才能呈现精彩的舞台效果。它所蕴含的乡土气息和地方特色，真实地反应着当地人民的生活状态和风俗习惯，表现了沿淮流域劳动人民的聪明才智。

二、肘阁抬阁的表演特点

肘阁抬阁最迷人之处在于它们的表演难度高、道具设计精巧、现场效果精彩纷呈。

在肘阁表演中，一名成年男子在腰间绑上一个铁架，铁架在手臂一侧向上延伸，再固定另一个铁架，用于支撑表演者站立。成年人身着戏曲服装，用手握扶铁架，并根据节目内容将铁架装扮彩绘成花木、禽鱼、兵器等。铁架上方的孩童根据剧目着装，一只脚和小腿绑缚固定在支撑铁架上，另一只脚、小腿和双臂扭动、摆动，如此进行表演。在肘阁上经常表演的节目有《刘海戏蟾》《三国》《吴凤岭》《戏牡丹》《计划生育》《游西湖》《怒打镇关西》《高山下的花环》等。

而抬阁则是把绑在支撑者身上的铁架改制为固定在特制的方桌上，一桌就是一台剧目，少则三五人，多至七八人，这样一些场面大、人物多的节目就能表演了。每一架抬阁需用4人抬着表演，抬阁的人身着彩衣，在乐曲的伴奏下缓慢前进，抬阁上的小演员们根据各自扮演的不同人物、情节，做出不同的造型和动作。抬阁表演的内容大都是历史故事和神话传说，如根据《封神演义》中金光一节，金光圣母站在山顶上，手拿排有花灯的花竿，莲花灯上镶有镜子，灯光照在镜子反射出来，金光耀眼，山上亭、塔、庙宇，仙气缭绕，山下苍松、翠柏，使观众心旷神怡。其他如《武松打虎》《回荆州》《二进宫》《白蛇传》等剧目也能在抬阁中上演。街头也能看大戏，老百姓们十分喜爱。

作为杂技之乡，临泉县已举办了三届安徽民间杂技艺术节，每届杂技节开幕式的肘阁抬阁表演，总能吸引来自全国各地观众的好奇和注目。上面演戏下面舞，舞步花样繁多，队形穿插变换，宛如一个流动的立体戏剧舞台。如果再加上一些喷火的特技，场面真是惊险刺激极了！而在2015年春节除夕之日，肘阁抬阁更是作为临泉民俗杂技的代表之一，登上了CCTV《传奇中国节·春节》全球直播节目，为海内外观众奉献了最具年味儿的新春电视盛宴。

三、肘阁抬阁的传承问题

受市场经济冲击，打工潮出现后，农村青年劳动力纷纷外出打工，很少有人专心留在表演队，把它当作一项谋生的本领。

民国时，临泉的肘阁表演规模达到30余架，现在就算是大型演出，也只有12架。

非物质文化遗产是通过人的活动去传承的，它依附于人的活动中，一旦掌握这种技艺的人死亡，这种文化也将随之消失。传承之水没有新鲜"血液"的注入，必将最终"枯竭"。

城镇化过程使城市的经济关系和生活方式广泛持续地向农村渗透，造成农耕文明所遗传的文化符号、信息资源悄无声息地发生变化，非物质文化遗产发展的土壤也在被渐渐瓦解。电视、手机、电脑多元化的娱乐设施，走入千家万户，多角度地填补人们的娱乐需求，也冲击着肘阁抬阁这项传统艺术的发展。年轻人都不愿意从事这些传统的技艺，认为这些都是老掉牙、过时的东西，一不赚钱，二不能带来名声，所以不在乎这些。

在中国，每分钟都可能有一位老艺人、一门手艺或一首民歌消失，每秒钟都可能会有一幢老房子被拆掉。时移境迁，许多曾经辉煌的民间艺术最终都难以穿越漫长的时间之流。

值得庆幸的是，2008年临泉的肘阁抬阁被批准为第二批国家级非物质文化遗产。临泉县杨桥镇也成立了保护领导小组，拨款建立了展示馆和传习基地，让非遗保护工作有了阵地。

界首书会

界首书会的举办地在界首市任寨乡的苗湖村，是界首文化艺术上一个独特的"盆景工程"。清嘉庆年间（距今200年左右），说唱艺人苗本林发起了苗湖说唱会，当时参加演唱的艺人苗湖村有三人，邻村五人。"无时不说，无处不唱，无人不乐"是书会的特点。

每年农历六月初六一到，苗湖书会就热闹起来，众多艺人云集，每位艺人都是一台戏，戏里戏外演绎着精彩人生。

一、界首书会的历史渊源

民国时期，渔鼓艺人苗文选，把闰年的农历六月六当作苗湖书会，一唱就是五天，迎来四邻八乡的群众，相当热闹。1947—1948年，艺人苗五普又把苗湖书会接传下来，此后，由于说唱艺人断层，苗湖书会曾经一度沉寂了下来。

1985年，著名艺人苗清臣联络周边市县的很多著名艺人，在界首市委、政府、市委宣传部、市文联任寨乡政府、界首市曲协的扶持和帮助下，重新举办苗湖书会。苗湖书会吸引了方圆几十里①的观众前来观看演出，周边几百里地的曲艺演员都来参加演出，如山东曹县、江苏坯县、湖北大悟县、河南周口地区、阜阳地区各县市、宿州地区的曲艺人相继赴会演出。

二、界首书会的内容

界首书会以演唱坠子为主，其曲目有《金鞭记》《响马传》等。第28届界首苗湖书会上40余名民间曲艺家登台表演，内容有大鼓、琴书、评书、渔鼓、快板、坠子、小品等。

渔鼓是苗湖书会的重要曲种之一，又称道筒子或坠子嗡，行话为"溜兰条儿"。界首渔鼓以演唱为主，夹白为辅，因界首南北狭长，南北又被分称高音渔鼓和低音渔鼓。所持乐器为打击器，即渔鼓筒子和简板，所演唱曲目多为传统书目，唱腔高亢嘹亮，委婉动听。现今的界首渔鼓已被收录于中国曲艺音乐集成安徽分卷中，有关专家称其为"安徽曲艺一枝花"，被誉为颍河流域的"活化石"，具有重要的文化艺术研究价值，是我国曲苑中一朵芬芳的奇葩。

经过上百年的努力，说唱会的剧种也由过去单一的坠子，发展到评书、渔鼓、快书等40多个曲种。同时，也增添了玩狮子、旱船等民间舞蹈及戏剧表演。

在书会举办期间，同样举办商贸会，吸引了大批商家前来，有力地推进了当地的物质交流和经济发展，增加了当地农民的收入。而今，随着商品经济大潮的冲击，以及多媒体文化的渗透，苗湖书会受到了严重的影响，苗湖书会所演唱的曲种淮北大鼓、安徽琴书、坠子等，也日渐匿迹。

---

① 1 里 =500 克。

三、界首书会的传承意义

书会演唱的曲目多是反映改革开放以来农村涌现的新人新事,如宣传邻里和睦、计划生育、遵纪守法、破除迷信等内容的节目。目前,书会已演出新曲目 106 个,创作新曲目 150 多个。这些新曲目在历届书会上,均获得群众的好评。苗湖书会演唱的曲目,道具简单、演唱方便,可就地取材,不受场地和时间限制的鼓书、评词等,很适合农民口味,易于传承,曾有取瓢、盆当鼓之娱。

"无时不说,无处不唱,无人不乐"是界首苗湖书会自娱性的重要体现,是原始趣味性的真实写真。农闲时节,茶余饭后,一曲鼓书说唱,宣泄着内心的情感世界,或高亢明快,或凄婉悠扬;性情炽烈,愉悦心胸,寓教于乐,陶冶情操,特别是一些精悍的鼓书小段,教育人们惩恶扬善,尊老爱幼等。

为把苗湖书会更好地办下去,苗清臣老人从 1986 年起,相继举办了曲艺培训班,并成立了苗湖曲艺队,吸收了几十名农村青年,分别学习琴书、坠子、大鼓、评书。苗老自编教材,自任教员,传授技艺,示范表演。据了解,苗老弟子张丽的大鼓说唱,声音宽厚,底气十足,曾在界首市首届曲艺大赛中获一等奖。弟子郝小梅的坠子,起腔火暴,唱腔优美,深受当地群众的喜爱。她在苗湖书会上演唱的新编曲目《信用社是咱铁靠山》,在安徽省第二届艺术节上获优秀表演奖。

界首苗湖书会承载着地方曲艺和稀有曲种的交流与发展的重任,是树立区域品牌,推动当地经济发展和构建社会主义新农村的精品文化资源。

灯会

灯会是中国一种古老的民俗文化,一般指春节前后至元宵节时,由官方举办的大型的灯饰展览活动,并常常附带有一些民俗活动,极具传统性和地方特色。正月十五元宵节,中国民间有观赏花灯的习俗。

一、灯会的历史

元宵节又称上元节。按中国民间的传统,在这天上皓月高悬的夜晚,人们要点起彩灯万盏,以示庆贺。出门赏月、燃灯放焰、喜猜灯谜、共吃元宵,合家团聚、同庆佳节,其乐融融。

根据文献记载,早在南朝伊始,国都南京城内就举办过元宵灯会,是中国最早记载的灯会。为了祈求风调雨顺、家庭美满和天下太平,张灯结彩的景况开始从深宫禁苑、宗教场所走向民间大众,"灯火满市井"的场景颇为壮观。对此,梁简文帝萧纲、陈后主等都曾用生动的诗歌,描绘了南朝利用灯彩来增添节日气氛的社会风尚。

东晋、南朝时期南京作为当时中国的首都,秦淮河畔居住了很多达官贵族和豪门名士,每到元宵节,他们也效仿宫廷,张灯结彩。东晋诗人习凿齿曾在《诗灯笼》中描写了当时的情形。南朝宋孝武帝在位期间,纸张技术发展迅速,成本低廉,取代了丝织品的大量应用,使得灯彩艺术迅速发展。

明朝开国皇帝朱元璋建都南京后,提倡灯节这一盛事,并将京师南京的每年元宵节张灯时间延长至十夜,使之成为中国历史上时间最长的灯节。秦淮灯会在这一时期进入到发展高潮,朱元璋每年都花费众多人力、物力、财力,制作相当数量的彩灯,以吸引民众参加规模宏大的元宵灯会。

明朝洪武五年的元宵节,更是别出心裁地下令在秦淮河上燃放万盏水灯。朱元璋还是一位制作灯谜的高手,由此促进了元宵灯会内容向更加丰富多彩的方向发展。明朝永乐七年初,明成祖朱棣"赐百官上元节假十日"并继续张灯结彩,营造节日气氛。三年后又下令在南京故宫午门外,集能工巧匠筹办灯会,精心扎制鳌山"万岁"灯,并且与民同乐。明代中期以后,南京已成为当时世界上最大的城市,《南都繁会景物图》等画卷,形象地描绘了焰火夺目的鳌山及老百姓观看演出的热闹场景。明代后期《正德江宁县志》所描绘的灯节，更是繁华得让人目不暇接。

明人蒋一葵在《尧山堂外纪》载有一事：明代时的元夕灯节，京城有工匠用糯汁烧成琉璃瓶，然后制成花灯，可以贮水养鱼，旁边映衬着烛光，透明可爱。黄岩人王古直花费重金买了一盏在家，爱不释手，终日耍玩。有一天，他不小心将琉璃瓶碰到地上，摔了个粉碎，悲叹道："吾平生家计在此，今荡尽矣！"明代花灯的精巧程度、价值几何，此说也可作为旁证。

二、灯会的主要内容

新中国成立后，彩灯艺术得到了更大的发展，特别是随着中国科学技术的发展，彩灯艺术更是花样翻新，奇招频出。传统的制灯工艺和现代科学技术紧密结合，将电子、建筑、机械、遥控、声学、光导纤维等新技术、新工艺用于彩灯的设计制作，把形、色、光、声、动相结合，思想性、知识性、趣味性、艺术性相统一，使得灯会这门古老的艺术更加绚丽多彩。

随着社会的发展和变革，灯会也在民族文化的孕育和滋养下逐步成熟起来。人民造就了灯会，灯会造福于人民。目前，灯会以新的胜景奇观、异彩神韵出现在海内外，绽放出更加绚丽夺目的光辉。

灯会的主要内容是安放在园林美景之中的各式彩灯。按不同的主题或故事内容分组陈设，每组又由若干个不同的人物或景物组成，同时有无数的串灯、灯笼、牌坊灯、工艺灯、书画灯、壁灯、脸谱灯、皮影灯、水底射灯、空中玫瑰、火树银花等作为衬托，形成了一个上下辉映、八方闪耀、色彩斑斓、炫人眼目的彩灯世界。

第七章　民　俗

三、元宵节与灯会

正月十五吃元宵，在中国由来已久。宋代时，中国民间即流行一种元宵节吃的新奇食品，最早叫浮元子，后称元宵，生意人美其名曰元宝。

元宵即汤圆，以白糖、玫瑰、芝麻、豆沙、黄桂、核桃仁、果仁、枣泥等为馅，用糯米粉包成圆形，可荤可素，风味各异。可汤煮、油炸、蒸食，有团圆美满之意。

有人认为元宵节的灯市，也是起源于春天祭祀。灯最早是火把，原始人举着火把上山、到河边祭祀神灵。人们通过摆灯、挂灯来与神灵沟通。从祭祀逐渐转变为赏玩，得益于隋唐时期佛教在中国的兴盛。对众多宗教来说，灯不仅代表了光明，同时也象征了法的存在。到了宋代，城市繁荣，观灯逐渐脱离宗教，成为一件娱乐活动。

以后历代的元宵灯会不断地发展，灯节的时间也越来越长。唐代的灯会是在十六之后加了两日，明代则延长到由初八到十八整整十天。到了清代，满族人入主中原，宫廷不再办灯会，中国民间的灯会却仍然壮观，一直延续到今天。我国古代，家家户户在元宵节当天会张灯结彩，一家人一起出去赏月、观灯、逛灯会、猜灯谜。发展至今，元宵节习俗内容丰富，如逛灯会、吃汤圆、游灯、押舟、猜灯谜等。

猜灯谜又叫打灯谜，是元宵节后增的一项活动，出现在宋朝。南宋时，首都临安每逢元宵节时制谜、猜谜的人众多。开始时是好事者把谜语写在纸条上，贴在五光十色的彩灯上供人猜。因为谜语能启迪智慧又饶有兴趣，所以流传的过程中深受社会各阶层的欢迎。

九华山庙会

  九华山庙会以超度亡灵、祈求平安和众生安乐为主要内容。佛教僧众多举办"水陆法会""放焰口""拜忏""放生"等宗教仪式，山民们则利用香客众多的机会做买卖，并举办"舞龙灯""狮灯"，演出目连戏《目连救母》和《九更天》《刘文龙》等傩戏节目，几日几夜，热闹非凡。

一、九华山庙会的历史起源

  唐开元末（719年），时年25岁的新罗国高僧金乔觉渡海来到九华山，宴然独坐，苦心修持，一方善信，悉皆宗仰。贞元十年（794年）农历七月三十日，在九华山苦修75年的金乔觉圆寂，尸坐石涵中，三年未腐，骨节发出金锁般声响，众僧徒尊为地藏菩萨示现，建肉身塔供奉。此后，每到农历的七月三十日，佛教僧众和当地山民都要举行隆重的祭祀活动，逐渐形成了庙会的形式。这种庙会活动与集市贸易、文化娱乐活动、祭祀活动融为一体，内容丰富。九华山地藏道场具有庙会的传统，明清时期，在佛诞节（农历四月初八）、自恣日（农历七月十五）、地藏诞日（农历七月三十）都举行"浴佛法会""盂兰盆会""大愿法会"，民间和寺院还共同举办"阴骘大会"（农历十月十五）。但凡这样的日子，朝圣和集市贸易蔚然成风，各地信徒组织各种团会，朝山进香、拜塔、守塔等，佛教大的寺庙也组织传戒活动，四众弟子可以求戒并领取戒牒。经过千百年的传承，九华山庙会作为一个载体，承载着数百年来各个历史时期的诸多信息，涉及宗教、民风民俗、历史、美学、音乐等诸多领域。博大精深的佛教文化与中国传统文化有机结合，绽放出的这一美丽花朵，底蕴深厚，内涵丰富，有着极为重要的学术研究价值。

二、九华山庙会的特征

民间的庙会有自己的核心特征，九华山庙会也不例外。即在经济技术方面是百货交易，在社会组织方面是"社"或"会"，在意识形成方面是礼神娱神，这便是我国庙会能够长期传承的经济基础和民俗惯制。

庙会是把寺庙的节日变成了地方性的节日，把宗教的节日变成了世俗的节日，那些独特的地方性求神活动、非宗教性的娱乐休息活动及集市活动才得以自然而然地融入庙会。因此，与其说庙会是宗教活动，倒不如说庙会是地方性民众的节日活动，更能准确地反映庙会的本质属性，准确地讲，这种多内涵型庙会可称为节日型庙会。

庙会还是一种综合性的民俗活动，关系到宗教信仰、商业民俗、文艺娱乐等诸多方面。这是由各地的历史地理、物质条件、民俗传统和人们的审美标准决定的。各地的庙会又各有特点，各有侧重。这就形成了各种庙会互不相同的生活美，但都分别表现了当时当地条件下人们认为是最美好的生活方式。

九华山庙会的主要特征有以下5个方面：

1. 内容丰富：融合了佛教文化与民俗文化的基本内容，围绕地藏菩萨纪念日之主题，集大型佛事活动与商贸活动、文娱活动于一体，充分展示了佛教文化、当地民俗文化的深厚内涵和底蕴。

2. 表现形式多样：既有佛教僧人们的法会、放生等宗教活动，又有民间的文化娱乐活动和商贸活动。

3. 组织方式灵活：九华山庙会基本上是僧俗自发组织的。

4. 参加人数众多：九华山庙会影响广泛，参加人数众多且来源广，既有当地山民、佛教僧众，又有大量来自国内外的佛教信众和游客，高峰期达数十万人。

5. 历时较长：九华山庙会一般从农历七月初开始至农历八月初结束，时长近一个月。

随着时代的变化，古老的庙会亦增添了不少新内容，如借庙会之时洽谈生意等，但展示民俗一直是庙会最主要的特色。庙会集旅游观光、休闲娱乐、购物餐饮为一体，具有鲜明的传统民族特色。

三、辩证地看待庙会文化

庙会文化是一种复合形态，具有明显的两重性，常常是民间艺术精粹与封建迷信糟粕交织在一起，鱼龙混杂，影响着受众。虽然各级有关部门始终对庙会进行着有针对性地疏导和管理，但由于部分民众受到文化修养、精神素质和人生观的局限，庙会文化的负面影响仍具有相当大的市场。

新中国成立后，各种封建迷信活动受到严格限制，失去了公开兜售、传播的市场。偶尔沉渣泛起，也只是在街头巷尾偷偷摸摸进行。近些年，为了加速经济发展，开发庙会的经济功能成为一时热点。这样，本来已不复存在的庙宇、道观，又被人为地复建、扩建，为迷信的死灰复燃埋下了火种。在大多传统庙会中，供奉香火的队伍摩肩接踵，从早一直到晚，有的不惜早起，花费十几个小时，去登山朝拜，祈求祛病消灾，恳望养儿传宗，期许姻缘圆满，企盼升学提拔，希冀经商发财。有的甚至带上几岁的孩童，在幼小的心灵中烙下迷信的印痕。

庙会可能会为封建迷信活动提供公开的场所，但九华山庙会存在以下价值：

1. 文化价值：九华山庙会自举办以来，就包含了丰富的时代人文信息。庙会期间，佛教僧众充分利用佛教劝人为善的积极作用，结合中国传统文化引导社会风尚，为社会和谐稳定发挥了积极作用，同时也充分体现了佛教文化的魅力、内涵和价值。

2. 学术价值：庙会活动期间，佛教僧众和地方民众以各种表现形式，表达各自意愿。通过大型佛事活动和民间民俗活动，可以研究宗教学、佛教音乐、佛教美学、佛教经典、佛教造像、人文学、伦理学等学科，还可以研究佛教作为外来宗教，如何能很好地结合中国传统文化，在中国传承数千年的历史渊源。

3. 旅游价值：九华山庙会具有较高的佛教影响力及民间艺术的魅力，吸引八方游人和香客，体现了较高的旅游价值，通过庙会活动的平台，可开展经贸活动，发展旅游经济。

4. 佛教历史研究价值：通过庙会和佛事活动，可以研究九华山佛教史、佛教特色、佛教哲学，探索九华山佛教在中国佛教中的位置及其对中国佛教的贡献。

5. 民俗学价值：庙会期间，一些古老的民风民俗得以展示和展现，这对传承中华文明、弘扬民族文化有着不可替代的作用。

为了收集和挖掘资料，专家和学者们常常要靠双腿奔走于各个村落之间。经过几年时间的调查和寻访，收集整理文字资料6万多字，图片资料500多张，并为非遗展示中心收集实物资料200余件。正所谓初心不改，虽远不怠。

经过大家齐心努力，九华山传统庙会于2006年12月成功申报非物质文化遗产项目，这也意味着九华山庙会的保护与传承被提到了一个更高阶层。

徽菜

徽菜是中国八大菜系之一。徽菜起源于秦汉，兴于唐宋，盛于明清。在清朝中、末期达到了鼎盛。徽菜是徽州的地方特色菜肴，其独特的地理人文环境赋予了徽菜独有的味道。由于明清徽商的崛起，这种地方风味逐渐进入市肆，流传于苏、浙、赣、闽、沪、鄂以至长江中、下游区域，具有广泛的影响，明清时期一度居于八大菜系之首。代表菜品有徽州毛豆腐、红烧臭鳜鱼、火腿炖甲鱼、红烧果子狸、腌鲜臭鳜鱼、黄山炖鸽，等等。

一、徽菜的发展历史

徽菜起源于古徽州，其名称贯穿并伴随了 800 多年的徽州历史建制，其发端可以追溯至更早之前。中国的八大菜系各自产生并发展于古代不同的历史时期、独特的地理自然环境以及其特有的地域饮食习惯，它与地缘有关，而不是以行政省份为单位划分出的笼统概念。根据不同菜系的影响力，既有跨越省份，也有几个菜系同时存在于一省之内的情况，经过长年累月，岁月更迭，各菜系之间相互渗透、取长补短，除了尤其显著的地域特色之外，也更多地趋于共通。

"徽"是徽州的简称，"徽菜"因徽州而得名，其因徽州商人的崛起而兴盛，又因徽商的没落而衰弱。徽州商帮的发迹对饮食的讲究进而刺激了家乡饮食业的发展，不仅使得徽菜的层次提高，成为宴请应酬的必备，也促使徽菜馆遍布全国各地。徽商走到哪，哪里就有徽菜的影子。

在徽厨遍天下的时代，徽州菜肴达到鼎盛，经营者不仅继承徽菜的烹饪传统，把徽州人的食俗传到异乡他帮，还吸取各帮烹饪技术之所长。发展出的菜品有全家福、凤还巢、炒鳝糊、杨梅丸子、沙地鲫鱼、银芽山鸡、红烧划水、五色绣球、三虾豆腐、翡翠虾仁、红烧大烤、蜜汁火方、腐乳炸肉、雪映红梅、火腿烧边笋、松鼠溜黄鱼、砂锅鸭馄饨等数百种。如今徽菜中还保留了一品锅、刀板香、黄山双石（石蛙炖石耳）、杨梅圆子、凤炖牡丹、荷叶粉蒸肉、青螺炖鸭、中和汤等传统佳肴。

徽菜的形成与江南古徽州独特的地理环境、人文环境、饮食习俗密切相关。绿树丛荫、沟壑纵横、气候宜人的徽州自然环境，为徽菜提供了取之不尽、用之不竭的徽菜原料。得天独厚的条件成为徽菜发展的有力物质保障，同时徽州名目繁多的风俗礼仪、时节活动，也有力地促进了徽菜的形成和发展。在绩溪民间宴席中，县城有六大盘、十碗细点四，岭北有吃四盘、一品锅，岭南有九碗六、十碗八等。

二、徽菜的烹调方法

徽菜的烹调方法如下：

一是就地取材，以鲜制胜。徽地盛产山珍野味、河鲜家禽，就地取材使菜肴地方特色突出并保证鲜活。

二是善用火候，火功独到。根据不同原料的质地特点、成品菜的风味要求，分别采用大火、中火、小火烹调。

三是娴于烧炖，浓淡相宜。除爆、炒、熘、炸、烩、煮、烤、焐等技法各有千秋外，尤以烧、炖及熏、蒸菜品而闻名。

四是注重天然，以食养身。徽菜的原料丰富、质地优良，取之不尽、用之不竭。

徽州地区气候温和、雨量适中，四季分明，物产丰盈，盛产茶叶、竹笋、香菇、木耳、板栗、山药和石鸡、石鱼、石耳、甲鱼、鹰龟、果子狸等山珍野味，"祁红""屯绿"是闻名于世的徽州特产。

徽菜擅长烧、炖、蒸，而爆、炒菜少，重油、重色、重火功。徽菜继承了祖国医食同源的传统，讲究食补，这是徽菜的一大特色。

当年的徽菜，由于红烧是一大类，而红烧的"红"，表现在糖色上面，对火功要求苛刻。炒菜用油是自种自榨的菜籽油，并使用大量木材作燃料：有炭火的温炖，有柴火的急烧，有树块的缓烧，是比较讲究的。传统中的重油、重色、重火功，有徽州的特殊条件。

当徽菜走向全国之后，仍然保持重色——调色之功；重油——调味之功；重火功——调质之功，如老或嫩，硬或软，结或松等。徽菜用火腿调味是传统，而制作火腿在徽州也是普及型的家庭技术。

三、徽菜的文化传承

"金华火腿在东阳，东阳火腿在徽州"。李白在金华留下诗名："闻说金华渡，东连五百滩。他年一携手，摇桨入新安（即徽州）。"

关于徽菜的传播与发展有以下几种说法：第一，当时徽商谈生意、应酬或是好友聚会都会摆上一桌家乡菜，以示为对待贵宾的尊重。因为徽菜的取材以及特色是独具一格的，十分具有代表性。于是徽菜开始迈向注重品质、多元化发展的趋势。第二，徽州商人遍布天下，根在徽州，口味也在家乡，所以有求必有供。于是遍布全国的徽菜馆开始陆续出现，这也推动了徽菜的发展。

徽菜历史悠久，文化底蕴浑厚。徽菜之所以能有今天这般的社会地位及影响，都是因为徽菜在传承中不断创新的结果。

第七章 民 俗

轩辕车会

轩辕车会是黄山脚下先民为纪念中华人文始祖、车的发明者——轩辕黄帝而流传千年的一项大型民俗活动,又称车公会或车会,是黄山特有的地方民俗文化活动。

一、轩辕车会由来

相传轩辕黄帝在平定中原以后,伐淮夷至江南,带来了以车为代表的先进中原文化。后轩辕为修炼而栖身黄山,促进了中华南北文化的交流与融合。

自唐天宝年间太平设县以来,仙源、甘棠一带民间就一直有以车会的形式来纪念轩辕黄帝的民俗。每年农历七月十八日至廿四日,共7日会期。从洗车、落地车、试车试路、正车、祭车到收车进庙,一届车会方告结束。滚车表演以涂满鲜红色彩的大车轮为道具,以力与美为主要表现形式,配有江南民间舞蹈、器乐、傩面具及纹身涂彩装饰,场面气势宏大。参加表演的人数少则几十人,多则数百上千人。火轮车白天在道路、街道、广场活动,凡能通车的祠堂、庙宇、商店和住户的门前都要滚到,以示降福祛邪。家家爆竹迎接,或给车披红,或杀公鸡淋血祭车。车手(滚车人)很多,均无报酬,都是参加车会的男性青壮年。滚法有平滚车、夹篱笆阵、飘反车、发绕车、拍绕车、螺旋车。绕车、螺旋车在广场表演时,车手和观众齐声呐喊助兴,锣鼓、鞭炮声震天动地。

随着时代的变迁,车会逐渐演变为集观赏性、趣味性、参与性为一体且具有健身娱乐功能的大型喜庆集会,直至新中国成立前夕,车会在黄山区(原太平县)流传了1 200余年。

二、轩辕车会的历史渊源

黄山地区历史文化悠久,人杰地灵,早在新石器时代就有人类繁衍生息。《周书异记·神仙传》记录："轩辕黄帝问道于广成子，受胎息于容成子，吐纳而谷神不死"，又"获灵丹于浮丘翁……乃告浮丘翁曰：愿抠衣躬侍修炼"。宋代的《黄山图经》也记载黄山是"轩辕黄帝栖身之地"。现在黄山有关轩辕黄帝的历史遗迹和传说随处可见，如始建于唐代的轩辕古刹、传说黄帝炼丹时所用的神仙洞和炼丹台、黄帝洗药的鼎湖、黄帝居住的黄帝宫以及祭祀黄帝的黄帝坑，还有七十二峰中的东方第一大峰——轩辕峰。相传中原的部落大首领公孙轩辕来到江南的楚蛮之地——黄山一带，向容成子学习天文和道术、向浮丘公学习炼丹技术（冶炼），同时将中原的造车技术以及文明的国家治理经验带到了南方。因此南方楚蛮的越人世世代代将他尊为车公。唐天宝四年（公元745年）黄山脚下设立太平县，自唐天宝六年黟山改名黄山之后，太平县人祭祀轩辕黄帝的活动逐步繁荣兴起。在这座县城里，祭祀轩辕黄帝的所谓车公大会成了山越人最重要的祭神活动，当地俗传为滚车。这个活动实际上是以一种古傩祭祀为表现形式的黄帝祭祀行为。根据黄山民间对车公大会的内涵解释，滚车其中一个重要的目的就是为了驱魔逐邪，而这个意义就是古傩的原始概念，这个概念说明它的历史十分悠久。轩辕黄帝是华夏人文始祖，当时太平县祭祀黄帝的活动除了纪念祖先和祈福祛邪的愿望外，另一层因素是因为封建统治阶级为了统一民族思想、强化民族意识，支持群众开展祭祀活动，从而巩固唐王朝统治。唐宋以后这种祭祀汉民族始祖的活动受到了遏制。

三、火轮车的滚法

太平县人为纪念轩辕黄帝而立庙，其中最典型的祭祀庙宇有二：一是明代末叶，在县城南门外重建的忠烈庙（今为仙源电影院），二是（清）顺治初年甘棠崔姓在祠西兴建的东平王庙（今为甘棠粮站门市部）。两庙各有车会，公推会首。经济源于捐助且较厚实，各拥有八辆火轮车。

车身圆形、木质（河边阔叶杨树），全高八尺四寸，宽六寸（老尺，一市尺等于老尺九寸五分）。由大圈、子圈、车轴、辐条、头道档、二道档、短撑、木栓和铁嚓组成；大圈二面漆黑，底绘朱红色火焰图案（风向左右一致），子圈漆兰底白花，铁嚓本色，其余朱红，每辆车重约五百四五十斤。

一般是两人滚一辆车，技术高的则一人独操。滚法有：

1. 平滚车：车手两人一左一右，各以一手抓住车轴沿口，让沿口徐徐从手心滑过，掌握车的重心；一手扳车挡或推车轴。

2. 夹篱笆阵：隔一穿花，操作同前。

3. 飘反车：一人一车。活动于广场，车在外，车手在里（靠广场中心）。车身朝里倾斜约四十度转大圆圈。车速如飘，反即"翻"字，因翻字不吉利，故名飘反车。

4. 发绕车：一人一车在大街或广场上活动。车和人的位置同3，车身两边倾斜；左倾朝左前方滚，右倾朝右前方滚，走之字路。全靠车手娴熟，及时扳、推车轴和车挡操作。因左绕右绕故名发绕车，车速越快，车身越稳。

5. 拍绕车：一人一车，人在车后，车一启动，两手轮换猛拍车轮大圈离地两尺多高、绘火焰图案的地方。拍时手掌用暗力稍带上提兼推。拍左边，车头受震动向左倾斜约三十度，向左前方滚动，拍右边，车身右倾向右边滚动，车走之字路。

6. 螺旋车：一人一车，两手操作头道档，车手在原地转圈，车身愈旋愈速，逐渐向里倾斜，从直立到倾斜约四十五度角；车手也由直立移步到半蹲移步。刹车时趁车速稍缓猛抓二道档，将车就势竖直徐徐向前滚动。稍事休息又重复表演，表演区必须在广场。

任何一种滚法都要注意车身上的火焰图案的风向。一辆火轮车五百斤，两人合滚一辆难度不太大，会的人也多；一人独操一辆，发绕车、拍绕车则需娴熟的技巧；螺旋车是一王姓人独创，他有点武功底子再加上技艺精湛，每一出手均博得观众惊叹。

四、轩辕车会的价值

轩辕车会道具工艺浑厚精美，表演技法精妙大气，民俗学价值和艺术价值丰厚。此活动的当代价值主要体现在以下 4 个方面：

1. 具有积极进取的祭祀内涵：轩辕车会旗帜鲜明地表达了对先进文化的推崇与尊重。轩辕黄帝将造车技术带到黄山，促进了生产力的发展，得其恩泽的山越先民将轩辕黄帝奉为造车鼻祖。其祭祀意义突破了单纯的祖先崇拜，直接赞颂和怀念黄帝开创文明奠基之功。

2. 表现形式独一无二：祭祀黄帝的滚车为黄山脚下独有的一种活动，车是该民俗中最为特殊的意义符号和价值载体。对黄山先民来说，山路崎岖蜿蜒，出行极为艰难，因而对车的依赖程度和珍视程度极高。直到目前，当地农村独轮车、板车等劳动工具的使用依然十分普遍。

3. 祭神娱人的双重功能：举行祭拜活动时，众人恭敬虔诚，仪式庄严肃穆。滚车巡城、车技表演体现出很强的观赏性和娱乐性。民众在门前燃放鞭炮迎接火轮车，为火轮车披挂红绸，表达敬仰之情，祈求车公庇佑。祭神滚车的目的在于祈求丰收、消灾去祸，同时放松身心、获取快乐。

4. 丰富宽广的意蕴层次：祭祀主题、历史渊源具有特殊性，存有上古时期南北文化交融的印迹，道具、服饰、乐器显现黄山山地民众的生活风情。滚车表演与傩戏有着千丝万缕的联系，车公殿建筑、礼器具有美学价值，涵盖的商贸交流、戏曲表演、民间体育、外界交往等内容，展示出原生态、多层次的民俗图景，深刻地联系着广大民众的生活方式。

第八章 曲艺

渔鼓道情

渔鼓道情也称花腔渔鼓，是萧县最古老的传统戏曲剧种，是萧县艺人薛本信于1919年在寒腔渔鼓的基础上，吸收了民歌号子和徐州梆子戏的营养而创造的渔鼓新腔。自1920年以后，主要流行于徐州、阜阳、商丘三角地带。

一、渔鼓道情的历史源流

渔鼓道情是安徽省非遗项目，源于唐代的《九真》《承天》等道曲，以道教故事为题材，宣传处世思想。南宋时开始用渔鼓和简板作为伴奏乐器。

道情始于明末清初，源于道教的歌，因道士唱乐歌时配以渔鼓伴奏，故古称渔鼓道情。明清时即在皖北地区流传，和安徽阜阳一带汉族民间小调——莺歌柳融合后形成曲艺说唱艺术。

　　道情流行于中国民间社会，作为一种宣扬道家思想的汉族说唱艺术，是道教济世度人的教化方式和传播道教教义思想的通俗说唱。道情早在五代时期就已产生，道士唱道情旨在宣扬道教之道。道情艺术是道教民间化的产物，宋元明清时期的道士和文士的道情创作，反映出道教对中国俗文学的影响，也显示在中国汉族信仰体系中道教的主导地位。

二、渔鼓道情的演唱形式

　　渔鼓是渔民自娱自乐的一种艺术形式。说唱形式是以群体坐唱为主，也有单人唱、双人唱的。音乐节奏节拍变化十分灵活，4/4、3/4 的拍节交替出现，音乐极富特性。其板式包含慢板、平板、数板、三拨气、韵白、便白、上场引子、上场诗等。

　　渔鼓道情用三尺三长的竹筒蒙上蟒皮或猪心皮做成的渔鼓，配上竹简板，边拍打边说唱。唱腔多用"宫调式""徵调式"，演唱有"慢板""莲花板""小垛子"等，发音用"立""卧"音。

　　渔鼓是一种板腔体曲艺形式，起源于清朝乾隆晚期。相传由一位因灾荒而流落于盐洼地带的外乡渔鼓艺人所传授，之后不断汲取当地民歌小调的营养和精华，逐步发展演变成为一个节奏明快，曲调舒畅，极具浓郁乡土气息的独特曲种。

　　萧县花腔渔鼓新创的曲调有花腔、尾音花腔、衬字花腔等。其打破了简板平直击拍的手法，把连板、捋板、花板交相运用，又在一板三眼中加进了多种装饰花板；击鼓时，融抹、挑、弹于一体，使鼓声清脆跳荡，余音袅袅，益发生色；发声时，气吞丹田，有时也有舌齿音，表白时的方言又带几分徐州梆子的声韵，且又吐字清晰。因此，演唱俏丽多彩，变化多姿，或激情澎湃，一唱三叹，或低回婉转，幽咽流泉；表演时还擅于摹拟各种人物的动作姿势和腔调，形象逼真，声情并茂。解放前后，薛本信流动演出期间，江苏的铜山，河南的夏邑、永城，安徽的界首、亳州等地的青年，纷纷学习他的自创新腔。

自20世纪末期以来，渔鼓道情的演出急剧减少，艺人青黄不接，像萧县的花腔渔鼓，仅有刘永林一人尚能演出，命悬一线，亟待保护。

三、渔鼓道情名段赏析

《黑驴段》是萧县渔鼓道情传统小段。写梳妆打扮的新媳妇回娘家，新郎倌穿着蓝大褂儿，挎着红包袱儿。新娘跨上调皮的小黑驴，这驴儿生的白尾巴尖儿、白尾巴根儿、白顶门儿、长了四只白银蹄儿。新娘头上梳了一座庙儿，庙里梳了三尊神，红脸是关公，白脸是刘备，叉叉胡子是张飞儿。一路上爬山过河，小黑驴撒欢四蹄生风，小夫妻像吃了蜜样甜到心底。

此曲段渔鼓艺人经常演唱。全曲情节虽然简单，但因唱词生动有趣，演唱时用了垛口、贯口和衬字等方面的技巧，再加上优美的舞蹈动作，整个演出，从头至尾，妙趣横生，洋溢着浓厚的生活气息和地方色彩。坠子、琴书也有此曲目，但情节略有不同。

演唱时要衣冠整齐，表情严肃，左臂抱鼓，左手打简板，右手击鼓，手法变化多端。渔鼓道情唱起来有几分梆子戏韵味，语言优美，韵律和谐，要求一字不差。

但在当今，渔鼓道情严重濒危，无人继承，所以非遗保护需要政府主导，非遗生长更需要群众土壤。非遗的保护不是目的，就长久来看，在保护的同时，需要思考如何让非遗活起来，如此才能让其真正具有生命力。让非遗生活化，首先要让更多的人对非遗有概念、有认识。非遗如何能有内生的延续力？最根本的就是与当下老百姓的生活紧密地结合起来。广大群众是非遗的继承者，唯有人人都成为非遗的见证者、传承者和实践者，非遗才真正具有生命力。

渔鼓道情剧目丰富，贴近百姓，乡土气息浓郁，是古老而珍稀的剧种，亟待继承与发扬。

淮北大鼓

　　大鼓又称大鼓书，在不同地域，大鼓的种类也是多种多样。就全国来说，比较出名的有京韵大鼓、山东大鼓等，而安徽作为一个文化底蕴较为丰富的大省，地方戏剧品种繁多，丰富多彩，除去黄梅戏、徽剧、凤阳花鼓等，一直在皖北地区广为流传的淮北大鼓也是地方曲艺的重要组成部分。

一、淮北大鼓的历史发展

　　关于淮北大鼓的起源主要有两种说法：其一为战国末期有位楚国将领在与秦军战败之后流落至淮北一带，除了一只战鼓之外身边再无长物，元帅对国破家亡的状态一时触景生情，随即击鼓而歌，吸引了众人来看，自此流传开来。其二相传是来自丘处机所创的邱祖龙门派，由道士作为传教或是法事的一种曲艺形式。

　　淮北大鼓起源于濉溪县，一面鼓、一副板、一张嘴，这就是淮北大鼓的全部家当。

　　淮北大鼓流传于苏鲁豫皖相接壤的广大淮北地区，自明末清初已具雏形。始以手鼓伴奏，以半说半唱、顺口溜的形式演唱。清代中期艺人们改手鼓为简单支架固定鼓位、固定场地的演唱，并以手板（木制三叶板）或者铜板（钢板）为其打节奏。清末大鼓艺人逐渐增多，新中国成立后发展到鼎盛时期。改革开放后，淮北大鼓这一演唱形式渐趋式微，大鼓艺人逐渐减少，青黄不接，后继乏人。2006年，淮北大鼓被列入安徽省首批非物质文化遗产保护项目，加强非物质文化遗产保护和弘扬优秀传统文化对推动社会主义先进文化建设具有重要意义。

二、淮北大鼓的演唱特点

　　淮北大鼓的器具主要有大鼓、鼓架和板。演员一手击鼓，一手打板，亦说亦唱。唱腔有慢板、快板、垛子板三种形式。演唱时多用活口（俗称片子、赞赋），灵活运用于描摹各种场景、场面等，演唱作品有《三国演义》《封神榜》《杨家将》《岳飞传》等传统和现代曲目。

淮北大鼓以唱为主，说为辅，唱腔高亢婉转，地方特色浓郁，多采用地方小调或吸收其他地方戏曲的曲调，语言诙谐幽默，深受淮北地区广大群众的喜爱。

淮北大鼓是地方曲艺种类之一，它土生土长，贴近群众，贴近生活，与群众之间有着亲密无间的血缘关系，擅长反映古代和现代生活中的人和事。在演唱中，有长篇、中篇大书，也有短小精悍的曲艺小段，观众爱看易学，摸得着，看得见，反映的是身边的事、眼前的景、内心的情。自娱自乐、简捷方便，器具简单易制。选的场地简单，街头巷尾、大树下、村头、院内、小客厅，见缝插针，鼓一敲就说，手一伸就演，板一打就唱。淮北大鼓唱腔丰富，托音高昂而悠远，唱者动情，听者陶醉，入心入怀，难以自禁，高低起伏，抑扬顿挫，兼柔并刚。大鼓艺人在有限的空间里表现出无限的情怀，随着曲折、动人、复杂的剧情而发展，撩起观众那喜滋滋的心情，使观众眉开眼笑，神魂颠倒。淮北大鼓具有一定的乡土气息，它以独特优美的说白、唱腔和板式，表现出古代和现代的生活题材。

三、淮北大鼓的现状

随着文化传播手段和宣传方式的日益增多，淮北大鼓正濒临失传的危境，大有淡出文化市场之势，淮北大鼓说唱艺人更是寥寥可数。为此，地方党委政府高度重视，于2011年初评选出曹廷虎为淮北大鼓传承人，并批准他从民间文艺爱好者中广收门徒，采取一切有效的措施传承和保护好这古老而深厚的民间艺术。

2011年10月，曹廷虎举行隆重的拜师仪式，文艺爱好者李红艳成为首位被正式接收的淮北大鼓继承人。经过两年的不懈努力，李红艳已逐步掌握了淮北大鼓的说唱技艺，开始频繁活跃在文化下乡和文化进社区等各类文艺演出舞台，多次在全省各类演出和比赛中受到社会各界的广泛好评。

2013年7月,曹廷虎再度举行拜师仪式,接收姜玲慧、王敏为徒,师徒还同台表演了《歌颂民生工程》和《包公拒礼》等群众十分喜爱的淮北大鼓段子。地方领导和曲艺界同仁共同见证了安徽省非物质文化遗产——淮北大鼓的传承,同时希望新老弟子学高为师、身正为范,珍惜这十分难得的学习机会,多学、多思、多练,不辜负老师和大家的希望,也希望曹廷虎老师诲人不倦,不仅当好导师,更要成为弟子们生活中的典范。

　　当前,非物质文化遗产的保护和发展正面临着前所未有的历史机遇,挖掘保护和传承发展非物质文化遗产是文化部门乃至整个社会的共同责任,这次拜师仪式的成功举办,对推动地方非物质文化遗产的保护和传承产生了积极而深远的影响。

　　如今,曹廷虎和他的徒弟们为满足更多群众的精神文化需求,正积极活跃在企业、社区、广场和各乡村,为群众送上一场场丰盛的文化大餐。

门歌

　　门歌是安徽土生土长的曲艺品种,是一种曾经流行于皖中南(六安、巢湖、宣城)地区的民间歌谣,被誉为皖中南民歌的活化石。门歌尤其是过年时所唱的闹春门歌,尽管它缺少专业演员,没有舞台,不讲究唱念做打的火候与韵味,但曾经是非常受欢迎的娱乐方式之一。

一、门歌的来源

门歌源于凤阳花鼓,唱腔以秧歌为基础,是一种传统说唱艺术形式,流行于安徽省皖中、皖东、皖西一带,相传明末即已形成。过去穷人沿门乞讨时歌唱,故名门歌。因内容多叙述近来发生的事件,具有实时传播和即兴创作的特点,故又称唱新闻,其曲调对凤阳花鼓某些唱腔有一定影响。表演者在唱门歌的时候,根据当时的生产与生活场景,即时创作歌词,通过歌词来表现现实场景。如《望风采柳》,当见到一户人家的门口种有一棵柳树的时候,歌唱者就唱"老板门前一棵柳,放下柳树打笆斗,打了笆斗量大麦,量了大麦酿烧酒,五湖四海结朋友"。门歌的歌词大都风趣而幽默,由于就地取材,语言充满了乡土味,表演者大多以走街串户演唱为主,在逢年过节时,则以玩花灯或者是划旱船的形式对唱。

门歌按歌词表现内容可分为劳动歌、情歌、生活歌、仪式歌等,按表现手法有比喻、夸张、形容、对比等。门歌也有座唱形式,由众人凑钱,固定在一个地方唱几天,如同说书一般唱连台本戏,如《梁山伯与祝英台》等。

关于门歌形成的时间,史无记载。据1982年合肥市文化局发现的立在巢县炯炀河镇的《正堂陈云》碑文所载,曲艺形态的门歌,形成期的下限是清同治七年。也可以说,曲艺形态的门歌形成于清中叶。

二、门歌的代表人物

贾德云生于1928年。他自幼爱好门歌,每当村里来了唱门歌的,便跟在歌手后边,从这一村听到那一村。12岁投师卫大和尚(旧社会对无钱娶媳妇的寡汉的称呼)演唱门歌。由于他长期生活在农村,对当地的口语、典故、民间传说了如指掌,因而创作的歌词纯朴、清新、自然,琅琅上口。解放后,贾德云参加工作,进了识字班学文化,在单位长期从事工会宣传工作,有丰富的舞台演出经验,加之勤奋钻研、天赋极高,因而他的作品达到了较高的艺术境界。

贾德云创作的门歌来自生活、民间,以及他本人的经历。门歌歌词"楝树开花你不做,蓼子开花把脚跺"来自在江淮地区妇孺皆知的一句劝诫懒汉的警世名言,以农村常见的两种植物不同的开花季节,暗喻人们抓住农时不误庄稼。门歌表演所用道具极其简单,一鼓一锣。20世纪90年代,黄山音像出版社在编辑贾德云门歌集时,大胆尝试用二胡、笛子伴奏,并加上女声伴唱等手法,取得了很好的效果。

殷光兰还未满4个月,父亲就被日本鬼子杀害,母亲也在恶霸土匪的枪下丧命,一位姓王的农民收养了她当童养媳。殷光兰天生有个好嗓子且记性好,她在劳动中学会了很多门歌,掌握了几十种曲调、几百句唱词。对于诞生于安徽的门歌艺术来说,是殷光兰将它唱到了全国的大舞台。

1958年夏天,殷光兰到北京参加全国曲艺会演,所演唱的门歌《歌唱总路线》获得了很高的评价,正是此次演出的成功,门歌才被纳入全国曲艺曲种中。

在1958年7月召开的全国民间文学工作者大会上,殷光兰受到了毛泽东、邓小平等领导人的接见并留影,她用门歌声调即兴创作了《唱个门歌表心情》。次年下半年,她被选派到安徽大学学习,毕业后被分配至无线电厂工作,后于1992年从肥东县文化局退休。作为具有地方特色的艺术,如今的门歌,无论是内容还是形式都发生了很大变化,表演形式更加多样化,甚至有很多年轻人也集体登台表演门歌,这些都让殷光兰对门歌的传承和发展充满信心。退休之后,殷光兰仍然坚持创作,同时致力于保护与挖掘门歌,整理了一大批门歌资料,为门歌发展发挥余热。

三、门歌的艺术特点

门歌分为上、中、下三路,三路门歌风格各异。上路门歌分布在以六安为中心的皖西大别山一带,以合肥为中心的皖中一带则是中路门歌的传唱地,下路门歌的中心在无为,包括宣州一带的颂春、摇钱树以及苏南的高淳唱春等。

门歌分布面广,影响较大。门歌里包含庐剧的一些基本元素,庐剧的形成和它有密切的关系。新中国成立后,门歌主要流传于乡村民间,由民间艺人演唱,且不断有新作品涌现。

门歌,曲调中有庐剧的韵味,有江南采茶调的余音。音调随着歌词内容跌宕起伏,韵味悠长,余音绕梁,字字泥土香,句句家乡音,给人以美的享受。门歌的艺术特点如下:

1. 歌词的结构形式:从句式上看,比较规整,主要以七字句为多,偶见八字句、九字句、十字句的;从句段上看,分成三个部分,分歌头、歌尾、歌身。

2. 地方方言:门歌因为是土生土长的地方曲艺,发生于乡村,产生于民间,闭塞的条件下,很少受到外界的影响,所以其方言味是非常浓的,听众有很强的乡土认同感。虽然用方言土语演唱,但是语言也讲究韵律;虽从民间发展而来,形式灵活、不拘一格,但仍然继承和发扬了古代诗歌的优良传统,讲究句式的协调、统一,并配合韵脚,听来朗朗上口。

3. 歌词口语化:门歌的语言多从生活口语中得来,通俗、雅致、质朴而又清新,类似于原生态,话语自心而生,随口而出,常表现为短小朴实等特点。

4. 衬词的使用:经常使用"是""那"等衬词,但一般没有实际意义,在直接表现歌曲内容或感情的歌词外起衬托、辅助的作用,是音乐表现意义重于文学表现意义的一种特殊成分。

第八章 曲艺

清音

一、清音的起源

清音，起源于元末明初，迄今已有六百余年的历史。据已故清音老艺人张俊明先生所撰《清音小史》记载：元末明初（约公元14世纪后半叶），颍州汝河（今阜阳泉河）南岸，有一老僧，人称玄坛法师（亦称清坛法师）。曾在元朝居官多年，因不满政治腐败，朝廷无能，遂弃官归里，后削发为僧。青灯黄卷之余，潜心研习音乐。久久为功，终吟出一种旋律，作为曲歌。每日与众徒弹唱自娱，因其音韵清雅，故名曰清音。

清音声腔韵味清雅，更兼文辞考究，格律规整，超尘脱俗，卓尔不群。因有阳春白雪之品性、曲高和寡之态势，给人新奇独特、赏心悦性、精妙无比的审美感受。数百年来薪火相传，多地开花。然时至今世，却惟太和所独有。外地虽有清音，经考证，不同源流，同名而已。

2006年，清音入选安徽省首批非物质文化遗产保护名录。当前，正由省专家委员会推荐申报国家级非遗保护项目。

二、清音的流传

初始之清音，因是僧人所创，僧人所唱，外人皆以为是和尚所唸之经文，不以为意，无人肯学。至明朝成化年间，有一儒师，寄宿寺院。闻清音之美妙，动学习之决心。于是悉心研习，执意探究。经一番刻苦努力，终于学成返乡，继而又转教他人。天长日久，人人相娱，口口相传，会唱清音者越来越多，从此传入民间。

清音唱腔，婉转波折，难学难唱，所以发展较慢。到清朝乾隆、嘉庆年间，才从阜阳流传到颍上、太和、亳州及河南的沈丘、鹿邑、新蔡、上蔡等地。这时，会唱清音的人多了，清音班会也就应运而生，故而演唱场所也从客堂庭院半封闭式转向社会大众。由于历代艺人的增益补给、改革创新，又吸收了许多民歌小调，清音唱腔已较为丰富，剧目也越来越多。城镇和乡村，皆有清音会的踪迹。旧时民间约定，十天或半月一会，轮流做东，轮到谁家，就在谁家演唱一场。有诗为证：

清音当日尽风流，传入民间数百秋。
世泰年丰多乐事，夜深灯火唱《追舟》。

三、清音的流派

民国初年，清音在阜阳、太和很兴盛。当时，阜阳清音为南派，太和清音为北派。南派唱的是四句腔，北派唱的是三句半。南派用的是小起板、小煞板，北派用的多是大起板、大煞板。南派弦低，腔调柔和；北派弦高，腔调激昂。两派的煞板拖腔，也略有不同。

四、清音的表演程式

清音会是清音艺人的自发性组织，演唱形式非常简便：在客堂或庭院摆设几案，演唱者围坐一堂，各执乐器，轮换演唱，边唱边奏。乐器以三弦、琵琶、坠胡、古筝为主。击乐有月鼓、引磬、钵盂等。或演唱象征吉祥的唱段如《全家福》《全家喜》《八仙庆寿》等，或演奏气氛喜庆的曲牌如《小游场》《到春来》《狮子滚绣球》等。

清音有大小曲牌六十四个，大曲牌二十六，小曲牌三十八，双八板起头。清音传统唱腔虽称四句腔，但每句唱腔都有多种唱法，加上许多花腔，所以令人百听不厌。清音念白为徽白，也可因人物而异说方言土语。随着清音的影响日趋广大，喜爱清音的人也日见增多，清音会也由当初的自娱自乐转而为婚礼庆寿、得子添孙、新房落成、生意开张等作庆贺祝福演唱，内容也从单一的喜庆唱词融入了像《赏雪》《昭君和番》《携琴访友》等既有人物又有情节的折戏小剧。渐变之中，有了行当之分。原先，演唱者只是调换嗓音显示不同的角色，后来发展为演唱者各任一角。同时，原先轮流在会友家演唱的模式也有了转变，连祭拜火神、土地的庙会也请清音会践约演唱了。

五、太和清音的传承

1958年夏秋，太和清音戏剧团成立，太和清音做了彻底、全新的转变。首先，从台下走上了舞台，有了专业演员，开始化戏妆、着戏装，且有了生、旦、净、末、丑的行当之分，也有了专业乐队，专事伴奏，还有了鼓师司鼓（指挥文武场面），有了铜器：大锣、手钗、小锣。文场还增加了二胡（作为主胡）、笙、笛、唢呐、大提琴等乐器。前台有专人司幕、检场，管理道具，后台有专人保管戏装、头盔鞋靴。继而，还有了负责灯光、布景的舞美人员及负责音乐、剧目的编创人员。太和清音已由一个曲种转变为一个剧种。

2006年，太和清音入选安徽省首批非物质文化遗产保护名录。2008年11月，安徽省文化厅颁发证书，命名张洪奎为安徽省非物质文化遗产项目清音代表性传承人。

2013年，太和县政府办下文组建以县委宣传部、县财政局、县文广新局、县教育局等为成员单位的太和清音保护传承工作领导小组，确定皖北电子信息工程学校（原太和二职高）为太和清音传承基地。太和清音史无前例地走进了全日制学校的校园和教室，清音课正式纳入该校社会文化艺术专业的日常教学中。张洪奎、高虎、谢淑英、马钦华、胡彩玲等清音老艺人也因此走上讲台，传授清音。

镜 湖 春

太和清音

张洪奎 改词作曲

优美 抒情地

清音传统唱词里基本上都是卿卿我我、悲悲戚戚等男女爱情之词，中职的许多学生羞于启齿，难以接受。于是张洪奎和高虎等人另辟蹊径，采用旧瓶装新酒、老调填新词的办法，创作了许多新唱段，如《放歌中国梦》（张洪奎作词、高虎编曲）《清音一曲赞盛世》（张洪奎作词编曲）《蝶恋花·答李淑一》（毛泽东词、高虎编曲）《镜湖春》（张洪奎改词编曲）《水调歌头·中秋》（苏轼词、高虎编曲）《红梅赞》（阎肃词、高虎编曲）等。这些唱段，既保留了太和清音的传统韵味，又融入了新的音乐元素，焕发着时代气息；既适宜教室教唱，又适合广场演唱。

2014年9月，新的清音传承人于飞老师演唱的清音《让座》（于福海作词、高虎编曲、付文侠指导）参加安徽省群星奖调演荣获三等奖，并参加了全省群星奖优秀剧目巡回演出。此曲还先后荣获安徽省第二届鼓书曲艺大赛一等奖、安徽省第八届曲艺节曲艺牡丹奖节目一等奖。

太和清音，实为祖国艺苑之瑰宝，太和人民之骄傲！定会枝繁叶茂，鲜花烂漫！

扁担戏

扁担戏又叫五指木偶戏、傀儡戏，是中国单人木偶戏中仅存的表演形式，具有独特的艺术魅力和汉族文化底蕴。扁担一台戏，两个布袋争高低，三声锣鼓快开打，四方乡亲都称奇。一根扁担挑起全部家当：乐器、影人、道具、小型舞台等。演出时，小型舞台也依靠一根扁担支撑，故被称为扁担戏。

第八章　曲　艺

一、扁担戏的历史

木偶起于周，由丧祭仪式演变而来，距今已有 2 000 多年的历史。

汉唐开始逐渐兴盛，汉代出土了大量木偶文物，说明傀儡演艺已经开始入驻宫廷。到了唐朝，已被普遍接受，傀儡制作更加完美。

两宋时期，傀儡戏的种类丰富起来，有五大类：杖头傀儡、悬丝傀儡、药发傀儡、肉傀儡和水傀儡，乡村的傀儡驱邪攘灾、祈求平安。南宋时期木偶戏的活动中心是杭州，故浙江木偶可能是从南宋时期传习下来的，提线、杖头、布袋几种形式俱全。

明代以后，城市商业演出衰落下来，木偶戏不得不退位为城乡市集上走街串巷聚众围观的杂耍表演。又因为戏曲艺术的极大繁荣，导致它由一种与戏曲分庭抗礼的表演艺术，进一步退缩为食戏曲余唾的小道杂艺，但却促使它由城市向乡村发展，逐渐开辟出新的天地。

清代全国流行的木偶样式主要有三种：杖头木偶、布袋木偶和提线木偶。扁担戏属于布袋木偶，是一种最为简单的木偶，仅由木偶头和布袋样的衣服组成，演出时演员用一只手的手指和手掌操纵，俗称掌中戏，道具简陋易挪移，一担即可挑起。

民国年间，扁担戏在安徽展沟、胡集区沿西淝河一带流行，胡集区尤为集中，有百副戏担，常一人一担，出没于街头巷尾、村旁店边。文革期间，扁担戏在破四旧运动中惨遭厄运。后来又开始出现，形成新的高潮。

安徽界首小朱庄扁担戏（清末由

利辛县艺人葛三传入），除了耍猴的班子，扁担戏多达三四十个挑子，一个挑子两个人，一人屏幕内演出，一人拉外场张罗观众，并收取钱物。该地扁担戏由于念白和唱腔的中原风格，主要辗转演出于梆子腔流行区域。

二、扁担戏的艺术特点

　　扁担戏是由木偶头和布袋样的衣服组成。演出时演员用一只手的手指和手掌操纵，一人就是一台戏。道具、人物一箱载入，小小舞台搭拆便成，道具简陋易挪移，一担即可挑起。扁担戏虽然道具小巧精致，但它却包含多种艺术形式，如泥塑、彩绘、戏曲、坠子书、鼓词、口技等。这些优秀的民间艺术完美融合，集于一身，庞而不杂，忙而不乱，汇聚了民间艺人的伟大智慧与艰苦朴素的博大精神。种种艺术形式如溪流一般汇集于扁担戏之中，演出时所有戏法一人兼任：说唱兼口技，手指控制各种人物动作、道具出场，脚踏锣鼓，手、口、脚并举，唱腔、念白亦随角色而变，在短则三五分钟，长则半小时的演出过程中，将故事演绎得有声有色、惟妙惟肖。

　　界首扁担戏唱腔沧桑浑厚，抑扬顿挫，震撼人心，其传承人朱允德老先生自编自演的《王小二卖豆腐》《小两口离婚》等剧目，更是融入了当地特色的风土人情，具有很高的艺术鉴赏和审美价值。

　　扁担戏艺术看似简单，其实简而不单。扁担戏要选用木质较为松软又不易腐烂的桐木进行雕刻，再描上颜色，穿上具有特色的小衣服，形神兼备，很适合演出。它的表演手法与吹奏技术不简单。扁担戏的表演要演唱结合，为了给剧中人物配乐，要用脚来击打锣鼓，用口吹篾子来模仿各种声音，还要注意和强调手指的协调与灵活运用。

　　扁担戏的曲调多以吹篾子为主，唱腔和念白相对较少，剧本一般都由其他戏曲的剧本演化而来，很少有独创剧目。

三、扁担戏的现状与发展

　　自改革开放以来，人民群众的生活水平不断提高，电视文化、网络文化、动漫文化等高科技文化层出不穷，扁担戏等一些民间传统艺术受到冲击，从而使扁担戏的从艺人员不断减少。尤其是一些年轻艺人少之又少，逐渐形成了艺人断层的局面，使扁担戏的传承和发展面临着巨大的困难和危机。扁担戏的传承与发展，需要良好的传统文化和艺术生态环境，从文化生态圈的源头出发，从新生代做起，加强学校对古老民间艺术的通识教育，强化以扁担戏为载体的教育活动。各级院校是我国人才培养的重要基地，扁担戏走进学校可以从源头上解决扁担戏传承难的问题。